디지털 시대에 살아남는 법
How to Thrive in the Digital Age

How to Thrive in the Digital Age

Copyright ⓒ Tom Chatfield
All rights reserved.

Korean translation copyright ⓒ 2013 by Sam & Parkers Co., Ltd.
Korean translation rights arranged with Macmillan Publishers Ltd.
through EYA(Eric Yang Agency).

이 책의 한국어판 저작권은 EYA(Eric Yang Agency)를 통해 Macmillan Publishers Ltd.와
독점계약한 '(주)쌤앤파커스'에 있습니다. 저작권법에 의하여
한국 내에서 보호를 받는 저작물이므로 무단전재와 무단복제를 금합니다.

인생학교 |시간|
디지털 시대에 살아남는 법

톰 체트필드 지음 | 정미나 옮김

THE SCHOOL OF LIFE　쌤앤파커스

인생학교 |시간|
작은 행동으로 세상을 바꾸는 법
2013년 1월 11일 초판 1쇄 | 2023년 5월 31일 13쇄 발행

지은이 톰 체트필트 **옮긴이** 정미나
펴낸이 박시형, 최세현

책임편집 최세현
마케팅 양근모, 권금숙, 양봉호, 이주형 **온라인홍보팀** 신하은, 현나래, 최혜빈
디지털콘텐츠 김명래, 최은정, 김혜정 **해외기획** 우정민, 배혜림
경영지원 홍성택, 김현우, 강신우 **제작** 이진영
펴낸곳 (주)쌤앤파커스 **출판신고** 2006년 9월 25일 제406-2006-000210호
주소 서울시 마포구 월드컵북로 396 누리꿈스퀘어 비즈니스타워 18층
전화 02-6712-9800 **팩스** 02-6712-9810 **이메일** info@smpk.kr

ⓒ 톰 체트필트(저작권자와 맺은 특약에 따라 검인을 생략합니다)
ISBN 978-89-6570-114-9 (13840)

- 이 책은 저작권법에 따라 보호받는 저작물이므로 무단전재와 무단복제를 금지하며, 이 책 내용의 전부 또는 일부를 이용하려면 반드시 저작권자와 (주)쌤앤파커스의 서면동의를 받아야 합니다.
- 잘못된 책은 구입하신 서점에서 바꿔드립니다.
- 책값은 뒤표지에 있습니다.

쌤앤파커스(Sam&Parkers)는 독자 여러분의 책에 관한 아이디어와 원고 투고를 설레는 마음으로 기다리고 있습니다. 책으로 엮기를 원하는 아이디어가 있으신 분은 이메일 book@smpk.kr로 간단한 개요와 취지, 연락처 등을 보내주세요. 머뭇거리지 말고 문을 두드리세요. 길이 열립니다.

살아가면서 부딪히는 여러 가지 문제들, 인생의 중요한 순간마다 마주하는 문제들을 어떻게 바라보고 대응해야 할까? 이제까지 배운 것이 '지식'이라면, 지금은 '지혜'를 배워야 할 때다. 인생학교는 충만하고 균형 잡힌 인생을 위해서 반드시 한 번쯤 고민해봐야 할 주제들, 섹스, 돈, 일, 정신, 세상, 시간에 관한 근원적 탐구와 철학적 사유를 제안한다. 인생의 모든 순간을 지배하는 이 6가지 핵심주제에서 뽑아낸 통찰과 지혜는 삶의 질을 높이고, 일상적 사유의 깊이를 더해줄 것이다.

'인생학교The School of Life'는 2008년 영국 런던에서 처음 문을 열었다. "배움을 다시 삶의 한가운데로!"라는 캐치프레이즈 하에 세계적인 베스트셀러 작가 알랭 드 보통을 중심으로 삶의 의미와 살아가는 기술에 대해, 그리고 인생에서 부딪히는 여러 가지 문제들에 대해 강연과 토론, 멘토링, 커뮤니티 서비스 등을 제공하는 '글로벌 프로젝트'다. 거침없는 주제의식과 본질을 꿰뚫는 독특한 관점, 지적이고 명쾌한 해답을 도출하는 강연과 토론이 특히 유명하다. 영국과 미국은 물론, 스웨덴, 네덜란드, 브라질, 오스트레일리아, 터키 등으로 퍼져나가며 진정한 '인생학교'를 갈구해왔던 세계 각국의 독자들로부터 큰 반향을 불러일으키고 있다. 알랭 드 보통은 시리즈 전체의 기획자이자 에디터가 되어 각 주제를 책으로 엮었다.

《인생학교》 나는 이렇게 읽었다

THE SCHOOL OF LIFE
IDEAS FOR LIVE BY

| **조정민 목사, 전 iMBC 대표** | 끝없는 배움의 길을 걸으며 우리는 갈등한다. 무엇을 얼마나 언제까지 배워야 하나. 속 시원히 인생길을 가리키고 가르치는 곳은 없을까. 《인생학교》는 이 시대의 키워드를 중심으로 인생의 피할 수 없는 길에 분명한 이정표를 세운다. 어디서 멈추어야 지나온 길을 되돌아보고 앞길을 내다볼지를 안내한다. 인생에 길을 잃었거나 방향이 혼란스럽다면 《인생학교》 클래스에 함께 참여하기를 부탁드린다. 급변하는 시대의 새로운 인생 강좌, 그 여섯 개의 팻말과 강의가 궁금하지 않은가.

| **혜민 스님, 《멈추면, 비로소 보이는 것들》 저자** | 어른이 되어 인생을 살아가다 보면 왜 정작 학교에선 이런 것들을 가르쳐주지 않았을까 하는 것들이 있습니다. 예를 들어, 어떻게 하면 직장 안에서 내가 하는 일의 성과와 만족 사이에서 균형을 맞출 수 있을까? 혹은 어떻게 하면 우리가 용기를 내어 세

상을 좀 더 나은 곳으로 변화시킬 수 있을까? 살아가는 데 절대적으로 필요악이라고도 할 수 있는 돈은 과연 우리 인생에서 어떤 의미를 가지고 있을까? 이런 질문들 말입니다. 어떻게 보면 일상의 아주 평범해 보이는 주제를 비범한 시각으로 깊이 있게 다룬, '인생학교' 시리즈 책들을 여러분께 권합니다.

| 권민, 〈유니타스브랜드〉 편집장 | '인생은 어렵다'라는 것을 인정하면, 자유롭고 단순한 삶을 누릴 수 있다. 그리고 '인생은 학교다'라는 것을 깨닫게 되면, 그 즉시 겸손과 열정을 가질 수 있다. 그렇다면 인생이라는 고된 수업에서 우리는 무엇을 배워야 할까?《인생학교》에서는 자신을 배워가는 관점을 알려준다. 무한 경쟁사회를 살고 있는 사람들의 인생은 남들과 같아지기를 혹은 남들보다 뛰어나기를 추구하고 있다. 그러나 이 시리즈에서는 '자기다움으로 남과 다른 인생을 사는 방법'을 소개하고 있다. 인생학교의 전공필수와 같은 이 여섯 권의 책들은, 심장은 뛰지만(생존하고 있지만), 가슴이 뛰지 않는(존재하지 않는) 오늘날의 현대인이 반드시 읽어야 할 심폐소생술과 같다.

> 인생을 위한 통찰과 지혜의 레퍼토리, 인생학교를 더욱 깊숙이 읽는 법

| 한명수, SK커뮤니케이션즈 UXD 센터장, 상무이사 | 자연계에는 엄연한 창조의 원칙과 생태계의 아름다운 흐름이 있습니다. 인간만이 그 자연계 안에 살면서 자연계의 흐름을 거스르며 삽니다. 만남과 힘과 나눔과 섹스까지 디지털 코드로 변환하여 온통 뒤틀어진 왜곡으로 우리를 속이니까요. 디지털 라이프 물결이 인간인지 기술인지 모를 복잡기괴한 모양으로 우리를 휩쓸지만 아무도 멈출 줄을 모릅니다. 백 년 전이나 천 년 전이나 지혜로운 이들은 세상 흐름에 어떻게 반응해야 할지 잘 알고 있습니다. 온전한 시스템으로의 회귀, 그것이 우리 스스로를 살리고 우리 주변을 살린다는 것을 깨닫고는, 요즘의 언어로는 그린Green, 에코Eco, 힐링Healing의 키워드로 가득인데, 이는 알고 보면 우리가 원래 누렸으나 잃었던 것을 다시 기억하라는 뜻일 겁니다. 이 책에서는 어떻게 변덕의 디지털 환경에 잘 적응해서 잘 먹고 잘 사느냐의 방법이 아니라, 좀 더 근본적으로 디지털 환경에 억눌리지 않고 자유할 수 있는지를 이야기하고 있습니다. 학원이 아니라 학교라면 이 정도 수준은 되어야 하겠지요. 세상은 점점 좋아지면서 점점 나빠지고 있고, 점점 자유로워지는 듯하지만 사실은 자유하지 못하게끔 합니다. 인생학교 학생들이 디지털 환경에서 자유하고 온전한 꿈을 좇는 지혜가 있기를 바랍니다.

| **정지훈, 명지병원 IT융합연구소장, 《거의 모든 IT의 역사》 저자** | 우리 인생의 다양한 담론을 이야기하는 인생학교와 디지털이라는 어찌 보면 전혀 어울리지 않을 것 같은 주제를 삶의 관점에서 관조한 멋진 책이다. 디지털 세상은 이제 더 이상 IT전문가들이나 일부 젊은이들만 향유하는 것이 아니다. 디지털은 우리 삶의 시간의 의미를 바꾸어놓았으며, 우리가 존재하는 방식과 철학, 자유와 권위에 대한 새로운 생각, 즐거움에 대한 대처방식과 정치의 과정에 이르는 광범위한 영향력을 발휘하고 있다. 이 책은《인생학교》시리즈 중에서 가장 이질적인 주제를 다루면서도, 기술과 삶을 넘나드는 과학기술인문학의 정수를 일반인들도 쉽게 이해할 수 있도록 풀어내었다.

| **최윤식 박사, 전문 미래학자, 아시아미래인재연구소 소장** | 미래의 변화가 내 생활의 변화를 압도하는 시대다. 변화의 속도와 모습에 대한 불일치는 불안감, 좌절감, 심리적 고통과 현실의 위기를 만들어낸다. 그 어느 때보다 이런 미래 충격이 큰 시대다. 세상은 스마트하게 돌아가지만, 나는 점점 더 무능해지는 것 같다. 세상은 글로벌하게 돌아가지만, 나는 점점 더 고립되어만 가는 것 같다. 그러나 여기가 끝이 아니다. 앞으로 더욱더 큰 변화와 쇼크가 몰려올 것이다. 그렇다면 과연 우리는 어떻게 행동하고 생각해야 살아남을 수 있을까? 어떻게 미래를 준비해야 미래의 변화보다 내가 먼저 변화할 수 있을까? 이 책이 답을 준다. 미래의 변화를 즐기면서도 '깊이 있는 삶'을 살 수 있는 길이 이 책 속에 있다.

목차

들어가는 글
더 이상의 불가능은 없다 · 17

Part 1 | 디지털 세상 속 우리의 시간, 어떻게 쓸 것인가?
역사상 유례없는 혁신이 일어나고 있다 · 27
당신에게 신과 같은 능력이! · 35

Part 2 | 우리 삶에 깊숙이 침투한 변화들
혁명을 뛰어넘는 혁명 · 47
그 시절 그때, 엄두도 못 냈던 일들 · 50
컴퓨터로 지금 대체 뭘 하고 있는가? · 57

Part 3 | 우리는 다른 방식으로 존재할 수 있다
깊이 있는 삶은 가능하다 · 65
멀티태스킹의 함정 · 67
우리는 무엇을 어떻게 기억하는가? · 75
내 생각들에게 자유를 허하라 · 82

Part 4 | 제대로 알아야 제대로 쓰고 제대로 살 수 있다

결국 모두 인간이 만들어낸 것이다 · 93
모르는 줄도 모르는 무지 · 99
당연하다고 생각하는 순간, 우리가 잃는 것들 · 103

Part 5 | 권위의 종말

디지털 세계에서 '최고'란 무엇일까? · 111
권위는 이제 대중에게로 · 116
강한 자만이 살아남는다 · 120
공유의 시대에서 잘 살아남기 위해 · 125

Part 6 | 인간으로서의 격을 상실해가다

성욕이 지배하는 신세계 · 139
포르노와 섹스의 경쟁력 · 145
가장 인간적인 것들을 포기하고 말 것인가? · 152

Part 7 오락은 어떻게 우리를 사로잡았나?

게임에 중독된 외계인들 · 163
내 옷과 아바타의 옷, 어느 것이 가치 있는가? · 167
스마트폰으로 게임을 하고 있는 당신의 속내 · 173
가상 세계의 역할 · 178

Part 8 정치가 삶의 일부로 녹아든 시대

새로운 정치가 시작된다 · 187
어디까지 보호하고 보호받아야 하는가? · 192
웹은 맥가이버 칼이 아니다 · 195
믿음의 정치 · 202

맺는 글

다 같이 잘 살아남기 위한 준비를 시작하라 · 207
더 찾아보면 좋은 자료들 · 216

일러두기
- 본문 중 책 제목은 《 》로, 논문과 잡지명은 〈 〉로 표시했습니다. 책의 경우 한국어판이 출간된 책은 한국어판의 제목만 표기했고, 그렇지 않은 경우는 한글로 직역한 제목과 영어로 된 원서 제목을 병기했습니다.
- 영화 제목과 노래 제목, 드라마 제목, 뮤지컬 제목, 미술 작품명 등은 ' '로 표시했습니다.
- 옮긴이의 주註는 각 장의 말미에 수록했습니다.

내가 숲으로 들어간 이유는 삶을 마음먹은 대로 살아보기 위해서다.
다시 말해, 오직 삶의 본질적인 사실들만을 마주하면서,
삶이 가르쳐주려는 것들을 내가 배울 수 있는지 알아보고 싶어서였다.
그리하여 마침내 죽음을 맞이하는 순간,
내가 헛되이 살지 않았노라고 깨닫고 싶어서였다.
산다는 것은 그토록 소중한 일이기에
나는 진정한 삶이 아닌 삶은 살고 싶지가 않았다.
정말 어쩔 수 없는 경우가 아니라면 포기하는 일이 없기를 바라기도 했다.
나는 깊이 있는 삶을 살며 삶의 모든 정수를 빨아들이고 싶었다.

헨리 데이비드 소로우의 《월든》 중에서

들어가는 글

Introduction

더 이상의
불가능은 없다

우리가 사는 요즘 시대는 기적이 흔하디흔하다. 기적조차 그저 일상의 일부로 여기기 십상이다. 다음은 2011년 8월에 과학기술 전문 작가이자 이론가 케빈 켈리Kevin Kelly가 블로그에 올린 글이다.

불가능해 보이는 것을 믿도록 나 자신을 설득해야 하는 순간이 많아졌다. (…) 20년 전이라고 가정해보자. 그리고 내가 합리적이고 배울 만큼 배운 청중들에게 강연을 하면서 20년 후에는 지금과 같이 된다는 것을 납득시켜야 한다고 생각해보자. 과연 개인 휴대폰으로, 그것도 공짜로, 전 세계의 거리지도와 위성지도뿐 아니라 수많은 도시의 스트리트뷰 street view 까지 보게 될 거라는 얘기를 청중들이 믿도록 납득시킬 수 있었을까? 아니, 나는 못했을 것이다. 이런 서비스들이 어떻게 '무료' 이용이 가능할지에 대한 경제적 타당성을 제시하지 못했을 테니까. 그것은 그 당시 기준으로는 도저히 불가능한 일이었다.

지금 우리가 사는 시대는 불가능해 보이던 것이 점점 가능해지고 있다. 하지만 지금까지의 일은 서막에 불과하다. 인터넷 접속이 가능한 휴대폰은 이제 누구나 가지고 있고, 휴대폰 없는 일상은 상상하기 힘들다. 그리고 그 작은 휴대폰의 성능은 10년 전의 대다수 컴퓨터들보다 더 막강해서, 이제 우리 앞에는 새로운 형태의 협력과 상호작용이 기다리고 있을지도 모른다. 앞으로 10년이 더 지나면 수십억 명의 사람들이 20년 전만 해도 정부만이 마음대로 부렸던 비밀스러운 자원까지 쉽게 이용하게 될 것이다.

변화의 속도는 또 어떤가? 지금 우리가 경험하는 변화의 속도는 이전 시대에는 상상도 할 수 없는 놀라운 속도이다. 텔레비전과 라디오가 우리 생활 속에 출현한 지는 100년이 넘었고, 인쇄기가 발명된 지는 500년이 넘었다. 하지만 인터넷이 대중에게 개방된 이후, 이용자가 20억 명 이상으로 늘기까지는 불과 20년밖에 걸리지 않았다. 상업적 휴대폰 서비스가 처음 개통된 뒤에 가입자가 50억 명을 돌파하기까지도 겨우 30년이 걸렸을 뿐이다.

이 스마트한 글로벌 네트워크는 장차 우리 자신들뿐만 아니라 생활 속 물건들까지 깊숙이 연결될 것이다. 자동차에서부터 옷, 음식, 음료에 이르기까지. 우리는 지금 유례없는 경험을 하고 있는 것이다. 인간 상호 연결뿐만 아니라, 이제는 스마트 칩과 중앙집중식 데이터베이스를 통해 만들어진 가상의 세상과도 연결되고 있다. 그리고 이 모든 변화와 더불어 세상에 대한 새로운 정보가 지속적으로 생성되고 있다. 우리가 어디에 와 있고, 무엇을 하고 있으며, 어떤 모습인지에 대한 새로운 정보. 그것도 이전까지와는 비교할 수 없을 정도로 양적으로도 대단한 정보들이 생성되고 있다.

우리는 이 정보를 어떻게 활용해야 할까? 하지만 이에 못지않게 중요한 문제가 또 있다. 이런 정보가 이미 우리 자신이 아닌 다른 사람들, 즉 정부, 기업, 사회운동가, 범죄자, 법 집행관, 예술가 들에 의해 이용되고 있다는 것이다. 지식과 권력은 언제나 밀접하게 결부되어왔다. 하지만 오늘날에는 정보도, 정보흐름의 기반이 되는 인프라도 단지 권력만을 대변하는 것이 아니다. 새로운 차원의 경제적·사회적 영향력을 대변하기도 한다.

지성적으로나, 사회적으로나, 법적으로나 우리는 현재 기술의 발전 속도를 따라잡지 못해 몇십 년까지는 아니더라도 수년은 뒤처지고 있다. 세대간으로 볼 때도, 디지털 시대에 태어난 '디지털 네이티브(digital native, 디지털 원주민)' 세대와 그 이전 시대에 자란 세대간 격차는 너무도 크다. 두 세대 사이에는 이렇다 할 만한 공감과 공유된 가치관을 찾아내기 힘들 정도이다.

그렇다면 디지털 세상 속에서 그저 존재하는 것이 아니라, 잘 살아남으려면 어떻게 해야 할까? 바로 그 답을 고민하는 것, 그것이 이 책의 목적이다. 소로우의 말처럼 '깊이 있는 삶'을 살기 위해, 그리고 우리 시대에 펼쳐진 가능성을 최대한 활용하기 위해 우리는 어떻게 해야 할까?

이런 가능성의 탐험은 새로운 도시나 대륙을 탐험하는 일과 비슷하다. 말하자면, 인간 본성은 다를 바 없지만 체제가 다른 새로운 땅으로 들어서는 것과 같은 것이다. 오늘날 디지털 세상은 단순히 하나의 아이디어 차원도, 도구 차원도 아니다. 현대의 디지털 기기를 생각해보자. 그 기기들이 이제 단순히 여가나 오락을 즐기기 위해 전원을 켜는 물건이 아니지 않은가? 오히려 점점 더 많은 사람들에게, 여

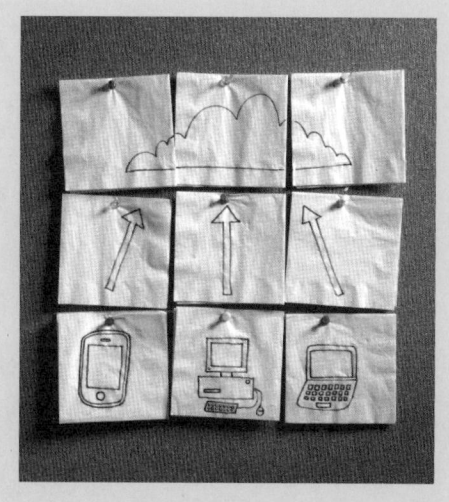

스마트 네트워크 서비스는
우리들만이 아니라,
차츰 자동차에서부터 의류까지
모든 것을 연결시키고 있다.

데이터 클라우드 속의 삶.

가와 노동이 똑같이 한 뿌리를 내리고 공존하는 세상으로 가는 통로가 되어주고 있다. 즉, 그 통로로 들어서면 그 안에는 대인관계, 미디어, 비즈니스, 쇼핑, 연구자료, 정치, 오락, 금융 등등 온갖 경험 사이를 어렵지 않게 옮겨 다닐 수 있는 세계가 펼쳐진다.

잘 살아남는 문제를 풀기 위해, 나는 서로 얽혀 있는 두 가지 의문의 답을 구하는 것을 목표로 삼았다. 첫째, 어떻게 하면 우리가 디지털 세상에서 '개인으로서' 잘 살아남을 수 있을까? 둘째, 우리가 디지털 세상에서 우리의 잠재력을 발견하고 타인과 최대한 인간적인 관계를 맺을 수 있도록, '사회가' 어떤 도움을 줄 수 있을까?

두 의문의 출발점은 같다. 둘 다 디지털 기기의 역사로부터 풀어 나가야 한다는 것이다. 그에 앞서 현재의 기술수준과 관련하여 꼭 짚어봐야 할 문제 한 가지를 살펴보려 한다. 바로, 우리가 생활 속에서 도구들을 대하는 태도이다. 우리는 그런 도구들에 'yes'의 수용적 태도만이 아니라 'no'라고 거부할 줄도 알아야 한다. 기술을 이용하는 동시에 의도적으로 이용하지 '않을' 시간을 갖도록 최선을 다해야 한다.

또한, 우리 모두가 날마다 씨름하는 난관들에 대해서도 살펴볼 것이다. 즉, 개인의 정체성, 프라이버시, 커뮤니케이션, 관심사, 그리고 이런 것들에 대한 규제와 관련된 문제점을 짚어보려 한다. 우리가 의식하고 있든 아니든 간에 이런 쟁점들은 생활 깊숙이 침투되어 있다. 이 문제점들에는 풀어야 할 공통주제가 있다. 그것은 21세기의 새로운 차원의 집단생활과 개인적 경험을 어떻게 조화시키는가이다. 즉, 실제의 '나'와 다른 사람들이 알고 있는 내 모습 사이에서 어떻게 균형을 이룰 것인가, 타인과 내가 공유한 것들과 개인적이고 사적인 것들 사이에서 어떻게 조화를 이룰 것인가 하는 점이다.

이 책의 후반부에서는 이런 관심사들을 아우르는 문화 및 정치적 구조, 그리고 어엿한 디지털 시민으로서 맺어야 할 바람직한 '계약'의 모습을 살펴보려 한다. 그리고 마지막에는 가장 중요한 문제들을 되짚어볼 것이다. 바로, 어떻게 사는 것이 잘 사는 것인지에 대한 문제이다. 자기애와 타인과의 교감 측면에서 양쪽 다 지금껏 유례없는 기회를 품은 지금 이 시대에서 말이다.

디지털 기술의 본질은 인간의 본질만큼 변화무쌍해서, 우리 삶 속에서 도서관, 친구, 위안, 유혹, 감옥, 자극제 등 수많은 역할을 펼칠 수 있다. 하지만 시시각각 변하는 디지털 기기의 스크린들은 이전에는 상상할 수도 없던 거울이기도 하다. 우리 자신과 서로를 비쳐볼 기회를 주는 그런 거울. 물론, 우리가 그 거울을 외면할 수도 있겠지만.

How to Thrive in the Digital Age
Tom Chatfield

THE SCHOOL OF LIFE

디지털 세상 속 우리의 시간, 어떻게 쓸 것인가?
Wired and Unwired Time

Part 1

역사상 유례없는
혁신이 일어나고 있다

 미국의 잡지 〈와이어리스 에이지The Wireless Age〉는 1921년 8월호에 '세기의 대결'로 관심을 모은 복싱 관련 기사를 실었다. 무려 11페이지에 걸친 흥분조의 보도였다. 해당 시합은 그 전 달에 뉴저지 주 저지 시티Jersey City에서 열린 헤비급 세계타이틀전이었다. '매너사의 주먹The Manassa Mauler'으로 불리는 미국의 잭 뎀시Jack Dempsey가 프랑스의 도전자 조르쥬 카르팡티에Georges Carpentier를 4회전에서 KO시킨 경기였다.

 현장 입장권 판매액이 100만 달러가 넘었을 정도로 대단한 시합이었다. 그런데 〈와이어리스 에이지〉가 이 시합에 지대한 관심을 쏟은 이유는 다른 데 있었다. 1921년 7월 2일은 방송 역사상 아주 뜻깊은 날이기도 했던 것이다. 바로 이날은, 대중의 관심이 쏠린 대단한 행사를 현장에서 직접 지켜본 관람객보다 생중계로 접한 사람의 수가 더 많았던 최초의 순간이었던 것이다. 시합 당일 저지 시티 경기장에는 9만 명에 달하는 관중으로 꽉꽉 들어찼다. 하지만 〈와이어리스 에이지〉 추산에 따르면 '적어도 30만 명에 이르는 엄청난 수의 사람들이 손에 땀을 쥐고 숨죽인 채로' 경기장 멀리에서 시합의 상황을 경청했다.

그게 가능했던 이유는, 최대 크기의 무선 안테나에 긴 전선으로 전화를 연결시킨 덕분이었다. 이 안테나로 말하자면, 뉴저지 주 호보컨Hoboken의 이리-라카와나 기차역Erie-Lackawanna Railroad Terminal 위에 세운 207미터짜리 안테나였다. 그리고 여기에 연결된 전선은 미국아마추어무선연맹National Amateur Wireless Association의 회장대행이자, 흥분에 들떠 있던 J. 앤드루 화이트J. Andrew White에게로 이어졌고, 그는 링 주변에서 시합의 실황을 해설했다. 그런데 〈와이어리스 에이지〉가 다소 유감스러운 논조로 언급한 바에 따르면, 마지막 순간에 중계 계획이

미국아마추어무선연맹 덕분에
1921년 8월의 뎀시 vs. 카르팡티에
세계타이틀전은 미디어 역사상
티핑 포인트(획기적 전환점)를 기록했다.

변경되는 바람에 화이트의 해설은 기차역의 또 다른 중계자가 그대로 따라 말하게 되었고, 결국 전파를 탄 것은 그 두 번째 중계자의 목소리였다고 한다.

〈와이어리스 에이지〉는 선례를 만드는 일의 힘을 제대로 인식한 듯했다. 그 방송에 대해 다음과 같이 썼다. "기록에 남을 일이며 (…) 새로운 시대의 도래이다. 사람들은 오랜 세월 그래 왔듯 활자가 찍혀 나오면 그제야 눈으로 시합 소식을 확인하려고 기다리고 있었지만, 그때 라디오가 목소리로 소식을 전해주었다! 기대에 들떠 있는 대중의 귀를 통해 세계적인 시합이 지체 없이 바로바로, 소름 끼치도록 생생하게 '그려지고' 있었다. (…) 이는 무한한 상상력을 자극시킨다. 이제는 미래를 예측할 때 신나고 흥미진진하게, 무한대에 가까운 추측을 펼쳐도 될 만한 시대가 열린 듯하다."

그로부터 한 세기가 채 지나지 않은 현재, 이런 추측들 가운데 황당하기 그지없어 보이던 것들조차 상상을 초월했고, 그 누구도 부인하지 못할 현실이 되었다. 이제는 20억 명이 넘는 사람들이 인터넷에 접속하고, 그 두 배에 달하는 사람들이 휴대폰을 통해 서로 연락을 주고받는다. 실시간 속보나 스포츠 생중계를 보는 시청자가 수억 명에 이르는 일도 흔한 일이 되었다. 현재 이 지구상에 살아 숨 쉬는 사람 절반 이상이 이런저런 방식의 '라이브(실시간)' 디지털 접속을 통해 아무 때나 어렵지 않게 세상에 접할 수 있다.

수치상으로만 봐도 입이 떡 벌어지는 엄청난 변화들이다. 하지만 이런 큰 변화에 묻혀 우리가 간과하고 있는 부분이 있다. 사실 우리는 21세기에 들어서며 10여 년 동안 와이어드(wired, 접속의 상태)의 또 다른 분수령을 지나왔다. 그것도 단순히 수치만이 아닌, 사용 시간 자체와도 관련된 그런 전환점을 지나온 것이다.

카이저가족재단Kaiser Family Foundation에서 8~18세의 미국 청소년 2,000명 이상을 대상으로 실시한 조사에 따르면, 1999년에 이 연령 청소년층의 하루 평균 미디어 이용 시간은 약 6시간 20분이었다. 청소년들의 미디어 생활은 '포화상태'에 가까웠다. 조사 결과를 분석해보니 청소년들의 미디어 사용 시간은 더 이상 늘릴 수도 없을 만큼 최대한에 달해 있었다고 한다.

결론적으로 인류는 하루 중 깨어 있는 시간 동안 소비할 수 있는 미디어의 양에서 볼 때 정체기에 이른 듯했다. 실제로 이런 결론을 뒷받침하듯, 2004년에 같은 조사를 다시 실시해보니 똑같은 연령대 청소년층의 하루 미디어 소비량은 겨우 2분 증가하는 데 그쳤다.

하지만 2009년에 카이저가족재단이 다시 한 차례 같은 조사를 실시했을 당시엔 의외의 결과가 나왔다. 8~18세 연령층의 하루 미디어 사용량이 20퍼센트 이상 증가해 7시간 40분에 가까웠던 것이다. 여기에 멀티형 기기의 사용까지 포함시키면 총 미디어 노출 시간은 하루 평균 약 10시간 45분에 달했다.

놀라운 결과였다. 청소년에게 매일 8~9시간의 수면이 필요한 점을 감안할 때, 2009년의 이 수치대로라면 아이들이 깨어 있는 시간 중 반 이상을 미디어 사용에 보낸다는 얘기였다. 게다가 이 수치는 학교 수업 중에 사용되는 미디어 사용은 제외한 것이었다. 사용 기기 측면에서 순위를 매기자면, 텔레비전의 비중은 지난 500년간 그래왔듯 여전히 압도적으로, 하루 평균 3시간 40분을 차지했다. 하지만 눈에 띄는 최신 추세도 한 가지 있었다. 바로 아이폰 같은 기기의 사용이다. 아이폰 같은 기기로 신·구 미디어를 가릴 것 없이 소비하며, 학교 가는 버스 안에서 텔레비전 프로그램을 다운받아 보고 문자 메시지를 보내고 페이스북에 들어가는 것은 물론이요, 음악도 듣고 이메일도 확인하는 것이 새로운 대세로 떠올라 있었다.

미디어는 집에서의 여가시간을 포화시킨 것에 그치지 않았고, 불과 5년 만에 훨씬 더 강하게 영향력을 키우고 있었다. 일상생활에서 차고 넘치게 장악한 정도가 아니라, 일상생활 속으로 완전히 파고들어 융합된 셈이다. 2010년 11월, 런던정치경제대학교 산하 미디어·저널리즘 싱크탱크인 폴리스POLIS는 미디어소비 행태에 대한 유사한 보고를 발표했다. 이 보고의 결론에 따르면 현재 선진국 대다수 청소년들은 스마트폰 없이는 못 사는 지경에 이르렀다고 한다. 이제 바야흐로 노래, 동영상, 게임, 어플, 소셜미디어서비스 등을 개인적으로 휴대하고 다니며 언제든 아무 때나 이용하는 시대가 된 것이다.

지금 일어나고 있는 행동양식의 변천 속도는 1920년대 라디오 방송 개시나 1950년대 텔레비전 보급 당시와는 상대가 되지 않을 정도로 가파르다. 하지만 개인적으로 특히 관심이 가는 발전상은 다른 양식과 관련된 것이다. 바로 우리의 행동습관만이 아니라 우리가 '깨어 있는 상태'의 디폴트(기본값)를 어떻게 맞춰놓고 있느냐의 문제이다. 오늘날은 많은 사람들이 기본적으로 최소한 한 가지의 개인화 미디어에 '와이어드'되어 있다고 해도 과언이 아니다. 역사상 유례없는 혁신이다. 지금으로부터 1세기도 채 안 되는 과거만 해도 라디오 방송 생중계는 기적에 가까운 일이었다. 하지만 이제는 깨어 있는 시간

대부분을 개개인 각자가 실시간으로 세계와 연결된 채로 있으니 말이다.

　이쯤에서 한 가지 실질적인 의문이 꼬리를 문다. 과연 이 다음번에는 어떤 일이 일어날까? 더 많은 시간, 더 많은 장소에서 미디어가 더 많이 사용되리라는 것, 이것은 단기적인 시각에서의 답이다. 하지만 장기적인 시각에서 볼 때 우리가 잘 살아남기 위해서라면 이제 이런 추세들에 내포된 의미를 헤아려봐야 한다. 이제 우리는 다른 방식으로 시간을 보내는 새로운 방법을 고민해볼 때가 되었다고 생각한다.
　디지털 미디어로부터 벗어나 시간을 보낸다는 것은 더 이상 우리의 기본 상태default state가 아닐 뿐만 아니라, 확고한 의지 없이는 경험할 수도 없는 일이 되었다. 열차 안의 '정숙 객차' 표시, 미술관, 식당 등 공공장소에 붙은 휴대폰을 꺼달라는 표지판들을 생각해보자. 이 표지판들은 지금 우리 시대를 대변해준다. 지금은 특별한 요구, 확고한 의지에 의해서만 디지털 기기로부터 벗어날 수 있는 시대인 것이다.
　이제 우리는 기본적으로 '두 가지' 다른 방식으로 세상에 존재하고 있다는 사실을 인정해야 한다. 우리 주변 세상으로부터나 상호간에

최상의 결과를 끌어내기 위해서는 반드시 이 사실을 인정해야 한다. 다시 말해, 우리는 '연결된 상태wired state'와 '연결이 끊어진 상태unwired state'로 존재하고 있으며, 그 둘 중 어느 한 방식을 비난하는 것은 아무 소용이 없다. 각 방식마다 생각과 행동에 대해 서로 다른 가능성을 대변하기 때문이다. 차라리 각 방식이 우리가 사는 데 어떤 부분에서 더 유용할지 따져보는 편이 현명하다. 그리고 그 점을 자문해보는 습관을 들이고, 아이들에게도 그렇게 가르쳐야 한다. 또한 각 방식을 우리의 생활양식에 효과적으로 편입시킬 방법도 끊임없이 모색해야 한다.

당신에게
신과 같은 능력이!

'와이어드'된 삶을 최대한 누리는 방법은 간단하다. 세계의 '집단지능hive mind'에 접속하면 속도와 방대함의 혜택이 바로 당신 눈앞에 펼쳐진다. 가령 인류가 축적해놓은 방대한 지식이라든지, 혹은 가벼운 가십거리나 소문 따위도 몇 분 만에 뚝딱 검색하고 참고할 수 있다. 눈 깜짝할 사이에 수천 명의 사람들과 접속할 수도 있다. 한마디로 우리는 신과 같은 능력을 누리고 있으며, 점차 그 능력의 활용에 숙달되고 있다.

단 몇 분간 위키피디아를 둘러보거나 저작권이 만료된 책들을 스캔해놓은 구글의 도서 자료를 검색해보기만 해도 그 잠깐 사이에 어떤 성과를 얻을 수 있는지 생각해보라. 이 정도로 방대하고 빠른 자료 검색은 반세기 전의 학자들로서는 꿈도 꿀 수 없는 일이지만, 오늘날 현대 시민이라면 거의 누구나 바로바로 이용할 수 있다. 우리는 이미 반세기 전의 과거와는 어마어마한 격차가 벌어져 있다. 구텐베르크의 인쇄기가 발명됨으로써 책을 소유하고 읽는 일이 엘리트층의 전유물이었던 시대가 막을 내리고 그 이전과 이후의 세상에 큰 격차가 생겼던 것처럼 말이다.

하지만 미디어의 '라이브' 와이어에서 연결을 끊으면, 우리의 독창성과 신중함은 아주 색다르면서도 예전 방식처럼 익숙하게 발휘될 수 있다. 가령 자발적으로 나서서 결정하고 행동할 줄 알게 된다든지, 누군가에게 선점을 빼앗길까 싶어 걱정하거나 대중에게 낱낱이 감시당할까 싶어 불안해하지 않은 채 생각할 수 있게 된다. 즉, 혼자

있든 다른 사람들과 함께 있든 와이어드된 순간과는 사뭇 다른 느낌을 받게 된다.

 이것은 사적인 영역이든 공적인 영역이든 마찬가지다. 2011년 2월, 나는 런던정경대에서 '집필과 사고에 대한 신기술의 영향'에 대한 주제로 강연한 적이 있다. 그때 공동 강연자로 초빙되었던 작가 라이오넬 슈라이버Lionel Shriver의 한 강연 대목이 생각난다. 그녀는 '서재에서 수많은 사람들과 함께 있는 가운데' 글을 써본 적이 있다고 말했다. 즉, 온라인상에서 독자의 반응이 바로바로, 또 무더기로 올라오는 상황에서 글을 썼다는 얘기다. 그때 압박이 너무 심해서 자칫 자기 자신을 스스로 검열하게 되거나, 다른 사람들 마음에 들고 싶어서 신경 쓰게 되는, 그런 지경에 몰릴 것 같았다고 한다. "다른 사람들의 견해로부터 나 자신을 보호해야 할 것 같은 기분이었어요." 한번은 그녀가 신문 칼럼을 쓰고 있을 때 남편이 어깨 너머로 글을 읽고 걱정스럽게 말했다고 한다. "그렇게 쓰면 곤란할 텐데. 지난번에 온라인에서 '그런 얘기'에 사람들이 어떤 반응을 보였는지 생각 안 나?"

 스스로를 보호하고 싶다면, 먼저 '나 자신'에게 보호할 어떤 가치가 있는지를 알아야 한다. 나 자신과 내가 지켜야 할 가치, 이 둘은 불가분의 관계이다. 이 책에서 앞으로도 자주 강조하게 될 테지만,

현 세기의 기술은 이미 집단사고와 집단행동을 조장시키기 시작했으며 그 진척도가 놀라울 정도다.

　하지만 그 어느 시대보다도 더 확실하게 우리에게 요구되는 것이 있다. 우리에게는 다른 사람들의 반응에 신경 쓸 것 없이 우리 자신의 생각을 펼쳐볼 시간도 필요하다. 우리가 소중히 여기는 사람들의 반응까지도 배제한 채 말이다. 명심해야 한다. 그런 시간을 잘 다루고 지키는 일에 마음을 쓰지 않으면, 기술이 우리에게서 그런 시간을 앗아갈지도 모른다는 사실을.

　상시적인 실시간 연결의 시대에 들어서면서, 자기성찰 측면의 중요한 물음은 그 방향이 서서히 옮겨가고 있다. '나는 누구인가?'에서 '나는 무엇을 하고 있는가?' 쪽으로. 하지만 연결에 아무리 목마른 상태라 하더라도, 잘 살아남으려면 이 상시적 소통의 능력으로부터 의식을 어느 정도 분리시킬 줄 알아야 한다. 우리의 삶에는 현재가 아닌 다른 시제時制, 즉 다른 본질의 시간도 필요하다.

　컴퓨터 공학자 재론 레니어Jaron Lanier도 2010년 3월에 사우스바이사우스웨스트South by Southwest 페스티벌®의 강연에서 이 점을 기가 막히게 지적했다. 강연에서 그는 청중에게 자신이 말을 하는 동안 아무

것도 하지 말고 듣기만 해달라고 요구하며 말했다. "이렇게 멀티태스킹을 중단시키는 가장 중요한 이유는 제가 존중받고 있다는 것을 느끼기 위해서가 아닙니다. 여러분을 존재하게 해주기 위해서입니다. 먼저 귀 기울여 듣고, 나중에 글로 써보십시오. 또 그다음엔 어떤 내용이든 그 써놓은 것을 머릿속으로 걸러서 시간을 가지고 사색에 잠겨보십시오. 이것이 바로 여러분을 존재하게 해주는 것입니다."

레니어가 30분 동안 '전기기기와 단절된' 집중을 요청한 것에서 시사되듯, 우리 삶 속에 '언와이어드 unwired'된 시간을 만드는 것은 산속 오두막에서 살거나 평생 이메일과 담쌓고 지내기로 선언하는 식의 거창한 문제가 아니다. 그럴 여유가 있는 사람들에겐 '오프 그리드 off grid' 지역으로 휴가를 떠나는 것이 유행이라지만. 어쨌든 언와이어드 시간이란 그런 거창한 방식보다는 일상생활의 일부로 삼는 것이 가장 좋다. 이를테면 오전 중에는 이메일을 보내지 않기, 회의나 식사 중에는 전화기 꺼놓기, 며칠이나 몇 시간 동안 전기기기를 사용하지 않는 시간 마련하기, 누군가와 20통의 이메일을 주고받기보다 직접 만나기, 이런 결심이 좋은 예이다.

내 주변에서도 많은 이들이 노력하고 있듯, 나 역시 언와이어드 상태에서도 일상생활을 잘 해보려 점점 애쓰게 된다. 디지털 기기를 전부 꺼놓는다거나 외출할 때 가지고 나가지 않는다거나 하는 방식이다. 이렇게 상시적인 연결과 접속의 시간과 빈도를 줄이니, 개인적 만남이 훨씬 더 각별해진다는 느낌도 받게 된다. 사실 2000년대 초의 기술관련 컨퍼런스에 가보면 회의 내내 휴대폰과 랩탑을 과시하듯 사용하는 아주 진보적인 참석자들이 있게 마련이었다. 오늘날 기술관련 행사에서는 트위터 '백채널back-channel'이 꼭 빠지지 않는다. 하지만 이제는 강연자들이나 의장들이 레이니어의 '먼저 듣고 쓰기는 나중에' 원칙에 상응하는 요청을 하는 경우도 많아지고 있다. 말하자면 일종의 보수주의가 새로운 유행이 된 셈이다.

 이런 제안을 하는 추세는 성명 발표 같은 거창한 운동에 해당하지는 않는다. 하지만 디지털 기술이 '주제넘지 못하게' 만드는 태도의 시작이다. 디지털 기술의 존재를 순간순간 당연한 사실로 받아들이고 마는 것이 아니라, 우리 삶 속에서 그 역할을 규정하려는 것이다.

 뉴미디어의 어마어마한 정보력 덕분에 시간은 이제 그 어느 시대보다도 아주 값진 자원이 되었다. 시간의 양은 전 세계의 기술을 총동원한다 해도 아주 조금의 양도 늘릴 수는 없는 것이다. 그런 시간의 경험은 정치이론가 프레드릭 제임슨Fredric Jameson이 명명한 '영속

세계의 기술을 다 동원해도
그 양을 손톱만큼도
더 늘릴 수 없는 것이 있다면,
그것은 바로 시간이다.

적 현재perpetual present'의 상태, 즉 그 안에서 사회 자체가 '그 자신의 과거를 잊지 않고 간직할 능력'을 상실하는 상태로 바뀔 위험이 있다.

어떤 사람들은 오늘날 넘쳐나는 정보의 홍수에 의해 점차 긴장과 불안, 제어력 상실감까지 느끼곤 한다. 하지만 우리가 과연 그렇게 끝나고 말까? 나는 아니라고 생각한다. 우리는 분명 사회집단으로서나 개인으로서 시간의 경험 속에서 이런 변화에 저항하는 동시에, 그 변화 안에서 적응하는 능력을 잃어버리지 않을 것이다. 우리는 궁극적으로 기술에 대해 'yes'만이 아니라 'no'라고 말할 수도 있어야 한다. 그렇지 못하면 자칫 기술의 기적을 덫으로 변질시키고 말지도 모른다.

그래서 나는 제대로 잘 살기 위해서 우리가 가진 통찰력, 그리고 변화에 적응하는 능력에 대해 살펴볼 것이다. 그리고 그에 앞서 지금껏 디지털 시대가 어떻게 변화해왔는지 그 역사를 짚어보려 한다. 우리가 직관적으로 알고 있는 것 이상으로 그 변화는 무시무시했으므로, 그 변화를 살펴보는 것 또한 앞으로 우리가 이야기할 주제들을 이해하는 데 도움이 될 것이다.

*1987년, 음악축제로 첫발을 디딘 후, 1994년 영화와 인터랙티브 컨퍼런스가 추가되며 미국에서 가장 큰 멀티미디어 축제로 자리 잡았다.
**전기·수도 등 도시 구석구석에 연결된 에너지와 상·하수도 망으로부터 완전히 단절돼 있다는 뜻.
***실시간으로 현장의 이야기가 전달되는 온라인 소통 채널.

How to Thrive
in the Digital Age
Tom Chatfield

**THE
SCHOOL
OF LIFE**

우리 삶에
깊숙이 침투한 변화들
From Past to Present

Part 2

혁명을 뛰어넘는
혁명

　인간과 디지털 기술의 역사는 한마디로 말해 꾸준하고 점증적으로 친밀해진 이야기라 할 수 있다. 즉, 경이로울 정도로 새로운 차원의 도구가 반세기 만에 수십억 명 삶 속으로 들어온 융합의 이야기다.
　세계 최초의 전자식 디지털 컴퓨터는 1940년대에 개발되었다. 덩치가 어마어마한 데다 보는 사람으로 하여금 주눅이 들게 하는 복잡한 기계였으며, 그 고안과 작동을 하는 사람들은 모두 세계 최고 수준의 두뇌를 지닌 이들이었다. 특히 그중엔 제2차 세계대전 중 영국이 독일의 암호문을 해독하는 데 이론적으로나 실용적 차원에서 기여한 바 있는 앨런 튜링Alan Turing 같은 개척자들도 있었다.

1950년대 말에 이르러 차세대 컴퓨터인 메인프레임(대형 컴퓨터)이 등장했다. 주로 학술기관과 군기관에서 사용되었고 여전히 방 전체를 차지할 만큼 덩치가 컸으며 전문가들만의 전유물이었다. 입력하는 명령어는 난해하기 그지없고 출력자료는 컴퓨터 공학에 정통한 사람이 아니면 봐도 뭐가 뭔지 몰랐으니 말이다.

이런 상황에 차츰 변화가 일어난 것은 1970년대 들어서이다. 이 무렵부터 마이크로프로세서의 출현과 더불어 연구소가 아닌 일반 가정 안에 처음으로 컴퓨터가 들어오기 시작했다. "전 세계를 통틀어 컴퓨터 시장의 규모는 아마 다섯 대쯤에 불과할 것이다." 이 말은 IBM의 사장 토머스 왓슨Thomas Watson이 1943년에 했다는 말로 널리 회자되는 이야기다. 진짜 그가 이런 말을 했는지에 대한 진위여부는 차치하고라도(위키피디아에서도 그가 그런 말을 했다는 '증거는 불충분하다'고 밝히고 있다시피, 신빙성은 떨어지지만), 1971년에 세계 최초의 개인용 컴퓨터PC가 완제품이 아닌 조립 키트 형태로 출시되었을 당시까지만 해도 아무도 예상하지 못했었다. 일반 가정용 시장에서 그런 기계에 열광하는 수요자들이 수천 명이 훌쩍 넘어서리라고는.

하지만 컴퓨터는 자신만만하던 학자들의 생각을 크게 뛰어넘으며 폭발적인 인기를 끌었다. 1970년대 말 애플Apple, 코모도어Commodore, 탠디Tandy에서 새로운 제품을 출시했을 때, 수십만 대가 팔려 나갔다. 바야흐로 대중 사이에 디지털 혁명이 일어난 것이다.

이것은 시작에 불과했다. 인간과 디지털 간의 상호작용이 지속적으로 융합되어가는 여정의 본격적인 첫발을 내딛은 것이다. 1970년대 이후 컴퓨터는 계속해서 성능이 막강해지고 호환성이 높아지고 사용하기도 쉬워졌다. 현재의 컴퓨터는 제1세대 PC에 비하면 수십만 배 막강하고 수십 배 저렴하며 사용자 편의성도 어마어마하게 좋아졌다.

하지만 성능 향상보다도 더 중요한 부분이 있으니, 바로 이런 기기들이 제공하는 '경험'이다. 이런 경험의 맥락에서 보자면 그전의 대혁명은 혁명이라 할 수도 없을 정도이다. 가정에서의 데스크톱 컴퓨터나 가방에 넣어 들고 다니는 랩톱 컴퓨터가 다른 것으로 꾸준히 대체되고 있기 때문이다. 모두가 그 변화를 직접 체험하고 있지 않은가? 이제는 손안의 스마트폰이나 책상 위의 태블릿을 이용해 아무 때나 전원만 켜면 네트워크에 접속할 수 있는 시대가 된 것이다.

지금 우리는 단순한 개인 컴퓨팅에서 이른바 '친밀한 컴퓨팅intimate

computing'이라고 말할 수 있는 단계로 꾸준히 옮겨가고 있다. 다시 말해, 디지털 기술과 삶 사이에 완전히 새로운 차원의 융합이 일어나고 있다. 커피전문점과 거실에서 개인 디지털 기기들을 사용할 때의 관심과 의존 빈도를 보면, 연인이나 애완동물에게 가질 법한 그런 수준으로 친밀하다. 소위 디지털 네이티브 세대에게 이제 휴대폰은 아침에 눈을 떠서 가장 먼저 찾고 밤에 잠자리에 들 때까지 손에서 놓지 못하는 물건이다.

그 시절 그때, 엄두도 못 냈던 일들

모든 기술은 우리가 그 기술을 사용하는 사이에 우리를 변화시킨다. '우리는 도구를 만들고, 또 그 도구는 우리를 만든다.' 캐나다의 미디어 연구의 선구주자 마셜 맥루언 Marshall McLuhan의 말이다. 기술은 하루하루를 수렵과 채집에 의존해 살며 원시농경 생활을 하던 인류를 해방시켜 냉장보존이라는 신세계로 이끌었고 도시와 문명의 수립에도 이바지했다. 교통기술은 우리의 이동성을 변화시키며 시간과 공간에 대한 우리의 관계를 바꿔놓았다. 우리 인간은 기술적 동물이다. 우리 자신과 우리의 세계를 증강시키는 것, 즉 한계를 뛰어넘고 적응하는 것, 그것이 우리의 본성이다.

5,000여 년 전 문자가 발명된 이후로, 세계는 미국의 사회학자 다니엘 벨Daniel Bell의 말마따나 '지적 기술intellectual technology'에 의해 변모해왔다. 지적 기술이란, 무기와 의복이 신체적 힘을 확장시켜주는 것과 마찬가지로 우리의 지성을 확장시켜주는 기술을 의미한다. 지도에서부터 영화에 이르기까지 우리가 만드는 도구들은 세상에 대한 이해를 높여주고 학습능력과 의사소통능력을 확장시켜주며 지식과 착상을 후대에 물려줄 수 있게 해준다.

그런 기술 중에서도 디지털 컴퓨터는 가히 독보적이다. 앨런 튜링이 1930년대에 가능한 모든 계산을 수행할 수 있는 범용 튜링 기계 Universal Turing Machine의 구상을 통해 예견했다시피, 컴퓨터는 엄밀한 의미에서 최초의 범용 매체로서, 유연성이 무제한에 가까운 메커니즘을 갖고 있다.

문자에서부터 이미지, 영화에 이르기까지 컴퓨터는 다른 모든 매체를 흉내낼 수 있다. 적절한 소프트웨어만 설치하면 소리, 영상, 이미지, 문자를 자유자재로 재현해낼 수 있다. 더군다나 이런 소리, 영

저술 같은 지적 기술에 힘입어
우리는 1,000년에 걸쳐
우리의 지성을 확장시켜왔다.

상 등을 보내거나 받는 비용과 시간으로 말하자면 지난 과거의 역사와 비교 자체가 가소로울 만큼 적은 비용과 빠른 시간이 소요된다. 역사상 처음으로 모든 매체와 커뮤니케이션에 대한 요구가(정말로 우리 생활 속의 모든 지적 기술들이) 하나의 통합된 시스템을 통해 제공될 수 있게 된 것이다.

나는 원한다면 아직도 영화를 보기 위해 극장에 갈 수도 있고, 텔레비전 채널을 여기저기 돌려보거나 종이책을 집어 들거나 CD 플레이어로 음악을 들을 수도 있다. 하지만 엄밀히 말하자면, 이런 행동들이 꼭 필요한 것은 아니다. 이제는 인터넷에 연결된 디지털 기기가 있어서 손가락만 까딱하면 소리, 문자, 이미지가 총 망라된 세상이 눈앞에 펼쳐지는 마당이니 말이다. 집에 있든, 이동 중이든 'CSI 마이애미'의 최신 에피소드에서부터 《모비 딕》에 이르기까지 온갖 컨텐츠에 접속할 수 있다. 고양이 동영상이 보고 싶으면 개개인이 올린 동영상들을 얼마든지 원 없이 볼 수도 있다. 뿐이랴. 이때껏 다른 어떤 매체에서도 제공해준 적 없는 쌍방향 서비스까지 가능해져서 게임에서부터 온라인 쇼핑에 이르기까지 쌍방향으로 즐길 수 있다.

기술을 통해 우리는 전에는 엄두도 못 냈던 수준의 통제력을 누린다. 이런 통제를 떠받쳐주는 토대는, 무게도 없지만 정보 자체를 무한대로 재생산할 수 있는 구조에 있다. 즉, 이 '디지털' 언어의 가능성은 궁극적으로 1과 0이라는 전기신호로부터 흘러나오는 것이다.

역사를 아울러 지성 증대 기술의 힘은 줄곧 현실의 물리적 한계에 부닥쳐왔다. 가령 인쇄술의 발명 전까지만 해도 책을 만들기 위해서는 숙달된 장인들이 수백 시간을 매달려 필사해야 했다. 인쇄기가 발명된 이후에도 종이의 부피와 비용이 문자언어의 활용에 제약을 가했다. 소리의 녹음은 처음 출현 후 1세기 동안 밀랍이나 염화비닐 같은 소재에만 물리적으로 기록할 수 있다는 한계를 떠안고 있었다. 영화와 사진은 값비싸고 제한된 물리적 소재들에 의존했고, 그나마 조심조심 다룬다 해도 필름에 불이 잘 붙는다는 단점이 있었다.

현재는 이 모든 한계들이 말끔히 사라졌다. 이 글을 쓰고 있는 2011년 말 현재는 대략 1시간짜리 영상을 실시간으로 뚝딱 웹에 업로드하는 데 1분이면 충분하다. 그래서 아예 정보의 홍수라는 말이 일상어가 되었다. 소비할 수도 없을 만큼 정보가 넘친다는 사실 앞에서 이제는 체념마저 드는 지경인데, 문제는 이게 끝이 아니라는 것이

오늘날 웹페이지의 수는
은하계의 별보다도 많다.

이너스페이스 Inner space.

다. 세계적으로 디지털 정보가 기하급수적으로 계속 증가하고 있으니 말이다.

2008년 기준으로 보면 월드와이드웹의 웹 페이지는 대략 1조 개였다. 3년 후에는 그 수가 너무 많아 헤아리는 것조차 무의미하지만 어쨌든 수조 개에 이르렀다. 번역본과 각 출판 판별까지 고려하면, 인쇄술의 발명 이후 500년 동안 1,000억여 권의 책이 출간되었다. 하지만 이 정도의 정보는 현재 웹에 업로드되고 있는 컨텐츠로 환산하면 한 달분도 채 못 된다.

그러나 다른 무엇보다 중요한 사실은 따로 있다. 디지털 기기는 정보를 보여주는 것뿐만 아니라 정보를 재생산할 수도 있다는 것이다. 즉, 정보에 '생명을 불어넣어' 바이트와 알고리즘**에 생기를 부여하는 능력도 갖고 있다. 컴퓨터 프로그램을 짤 때는 책을 쓰거나 그림을 그리거나 지도를 제작하는 것처럼 단순히 어떤 물체를 만드는 것이 아니다. 다른 사람들이 상호작용하고 탐험하도록 시스템을 활성화시키는 것이다. 한마디로 말하자면 또 다른 세계를 만드는 것이다.

어쩌면 이것이야말로 우리 시대의 기적의 핵심일지도 모른다. 또한 인간의 노력, 관심, 감정, 경제활동, 혁신이 디지털 기술 쪽으로 지속적으로 이주하고 있는 현상을 가장 잘 설명해주는 근거일지도 모른다. 지난 몇백 년에 걸쳐 도시가 자석처럼 세계의 수많은 인구를 끌어당겼듯, 지금은 디지털 영토가 그 어마어마한 가능성 안으로 사람들을 끌어당기고 있다. 그것도 단순히 실제 경험으로 그치고 마는 것들보다 더 호소력 짙은 가상의 세계 속으로.

<u>컴퓨터로 지금 대체 뭘 하고 있는가?</u>

기술과 더불어 잘 살고 싶다면 알아둘 것이 있다. 무엇보다 중요한 점은, 우리가 사용하는 각각의 기기들이 아니라 이 기기들이 만들어내는 인간의 경험이라는 것이다. 디지털 매체는 지능의 기술이자 경험의 기술이다. 따라서 추상적인 기술을 얘기할 것이 아니라 기술이 가능케 해주는 경험에 대해 집중해야만 디지털 매체를 제대로 이해할 수 있다. 디지털 매체와 어울려 잘 살아남고 싶다면 가장 먼저 이 점을 명심해야 한다.

내가 일상생활 속에서 겪는 디지털 경험을 예로 들어보겠다. 나는 보통 하루에 문자 메시지를 두어 번 주고받고, 20~30통의 이메일을 읽거나 보내고, 트위터에 몇 차례 접속하고, 최소 2시간에서 많게는 12시간 동안 컴퓨터 스크린을 들여다보며 글을 읽거나 쓰기도 하고 온라인 접속을 하기도 한다.

지금 이 글을 읽는 여러분도 나와 같은 생각일지 모르겠지만, 이렇게 타이핑하고 보니 문득 의문이 하나 든다. 대체 그 2~12시간 동안 나는 대체 뭘 한 걸까? 대답할 말이 없는 건 아니다. 기사나 책을 봤다는 식의 대답 정도는 어렵지 않게 할 수 있으니까. 하지만 솔직히 말하자면, 잘 모르겠다. 게다가 '소셜네트워크'나 '블로그', 혹은 '온라인 게임' 같은 것으로 그 시간을 구분해낸다 하더라도 그것은 별 의미가 없다. 그런 구분은 '페이지를 넘기는 일'로 하루에 2시간씩 보낸다는 말로 자신의 독서습관을 설명하는 격이나 다를 바 없다. 두 경우 모두 그 '경험'에 내포된 의미는 따로 있다.

내가 종이책을 읽고 있다고 가정해보자. 독서라는 경험의 본질에 비추어볼 때 정말 중요한 것은 내가 무엇을 읽고 얼마나 오래 읽느냐이다. 어떤 책이 '나'에게 읽을 만한 것인지 따지는 기준상의 차이는 있겠지만, 나는 다른 사람들과 똑같은 책을 읽고 있고, 대개는 다른 사람과 똑같은 방식으로, 즉 처음부터 끝까지 차례대로 읽어 나가기 마련이다. 설령 내 마음대로 순서를 정해 읽는다고 해도 내가 완전히 새로운 책을 만드는 것도 아니다. 이것은 페이스북 같은 서비스를 이용할 때도 다르지 않다.

게다가 페이스북을 이용할 때는 나는 혼자 행동하는 것이 아니다. 일종의 공공의 공간으로 들어가 시시각각 그곳에서 만나게 되는 사람들과 대상들에 반응한다. 상태 업데이트도 하고 친구들이 올린 링크에 들어갔다가 어떤 책이나 영화에 대한 토론이나 밤의 유흥놀이 장점에 대한 토론에 끌릴 수도 있다. 그러다 다른 여러 링크에도 들어가 보고 나서는 또 다른 인터넷 사이트 몇 군데를 둘러보고 이메일도 확인하고 음악이나 라디오 토크쇼도 들어보는 것이 나의 뻔한 패턴이다.

이러길 1시간쯤 후에 '페이스북을 했다'고 말하고 만다면, 그 사이의 내 경험의 본질이나 속성은 나타내지 못한다. 정작 필요한 핵심은 '내가 어떤 식의 만남과 상호작용을 겪게 되었는가'이다. 내가 그 시간 동안 어떤 감정을 느끼고 어떤 동기로 그런 일련의 과정을 이어나갔는지에 대해 알 수 있어야 한다. 내가 1시간 동안 온라인상에서 다른 수십 명의 사람들과 함께 새로운 소식과 의견을 나누었다는 것은 확실한 사실이다. 그리고 그 사이에 일어난 일들에 대해 느낀 감정은 그날 나머지 시간까지 나의 기분에 영향을 끼치기 십상이다.

그렇다고 해서 온라인상의 내가 현실 세계에서의 나와 같다는 얘기는 아니다. 다만, 내 경험을 판단할 때의 최선의 기준은, 삶에서 겪는 다른 사회적 경험이나 상호작용에 적용하는 그런 기준과 동일하다는 의미이다. 가령 내가 얼마나 많은 교훈을 얻었는가, 얼마나 많은 이들과 어떤 소통을 나누게 되었는가, 타인에게 어떤 공감을 느꼈는가, 그 상호작용으로 내 삶이 얼마나 풍부해졌는가, 이런 기준들이 동일하게 적용된다.

디지털상에서 더 얻기 쉬운 것들도 있다. 온라인에서는 뭔가를 얻는다고 해서 그게 꼭 필요한 것이 아닐 때도 많지만, 필요하든 아니든 어쨌든 무언가를 비교적 빠르게 얻어낼 수 있다. 온라인 공간에서 실체 없이 활동할 때 우리는 실제 물리적 환경에서 교류할 때보다 훨씬 마음이 편안해진다. 이타적이고 솔직해지기도 더 쉽고, 기만적이고 까칠해지기도 더 쉽다. 그리고 스크린 너머에 존재하는 인간의 현실을 무시함으로써 삶을 무척 가벼운 것으로 여기게 될 수도 있다.

이런 맥락에서 볼 때 기술은 우리의 본성을 자극하는 일종의 증폭기인 셈이다. 게다가 최악의 경우, 다른 사람들을 사물화시키고 말

수도 있는 그런 무시무시한 증폭기. 그래서 자칫 상대를 물건 다루듯 멋대로 대하고 존중과 성실함을 우습게 여기게 될 위험성이 있다. 또한 우리에게 지속적인 위험을 초래할 수도 있다. 다른 사람들과의 돈독한 유대관계나 스스로와의 준엄한 자기성찰 관계와 요원해질 수도 있기 때문이다.

하지만 지난 30년간의 온라인 활동을 사물화와 피상적 자기만족의 증거라고만 단정 지을 수는 없다. 2011년의 디지털 동향을 살펴보면 그 공공의 공간에서 더 심오한 깊이를 끌어내리고 안간힘 쓰는 면면들이 눈에 띄기 때문이다. 적어도 내 눈에는 어떻게든 인격화와 인간화를 시도하려는 노력이 엿보인다. 그런 게 아니라면, 우리 삶의 디지털 양상을 점점 더 복잡하게 만들면서 번거로울 만큼 인간적으로 만들려는 의지를 달리 어떻게 설명하겠는가?

* 튜링 기계는 그가 25세 때 고안한 것으로, 실제 기계가 아니라 이론상의 계산 기계다.
** 어떤 문제의 해결을 위하여, 입력된 자료를 토대로 원하는 출력을 유도해내는 규칙의 집합.

How to Thrive in the Digital Age
Tom Chatfield

THE SCHOOL OF LIFE

우리는 다른 방식으로
존재할 수 있다
Taking Control

Part 3

깊이 있는 삶은 가능하다

　온라인에서 가장 중요한 것은 개인과 개인이 맺는 인간적 유대, 그리고 뜻밖에 느끼게 되는 기쁨이다. 이 두 가지는 기술의 미래 기반을 다지는 데 무엇보다 중요한 요소이기도 하다. 살아 숨 쉬는 개개인이 지금의 젊은 세대처럼 기술을 자유자재로 다룰 줄 아는 세계란 여전히 꿈만 같은 일이다. 하지만 존재하는 온갖 차이와 개성들이 저마다 오늘날 중요한 의미를 갖게 되는 세상, 그런 세상은 가능하다. 지역, 세대의 벽을 넘어 가족과 친구들이 나이를 막론하여 한결 더 자유롭고 더 빈번히 상호작용하는 그런 세상도 가능하다.

여러 가지 면에서 볼 때, 신기술의 출현으로부터 가장 득을 볼 것 같은 이들은 노년층, 사회적 약자, 전통적 소외 계층이다. 손자손녀들과 친해질 기회가 거의 없는 노인들에게도 좋을 것이고, 다른 곳에 사는 가족, 친구, 동료 들과의 접촉이 삶의 질 변화에 중요한 역할을 할 수 있는 개발도상국 사람들에게도 좋을 것이다. 또한 오랫동안 취약한 인프라, 빈곤, 정치적 제약으로 소외되어온 계층에게도 유익할 것이다.

무엇보다도 오늘날의 디지털 영토는 그 안으로 쏟아져 들어오는 인간의 경험과 가치관에 의해 팽창되고 있다. 페이스북이 공식 출범한 지 불과 5년여 만에 7억 5,000명이 넘는 사람들이 자신의 개인적 신상을 거리낌 없이 업로드했다는 사실은 정말 놀라운 일이다. 게임을 비롯한 여러 소셜사이트의 아바타나 제2의 자아는 현실에서의 도피만을 제공하는 것이 아니라, 타인을 향해, 새로운 유형의 관계를 향해 길을 터주기도 한다. 온라인상에는 소문, 거짓말, 증오만 가득한 것이 아니라, 주목할 만한 새로운 형태의 신뢰가 넘쳐나기도 한다. 서로 잘 모르는 사람들 수십억 명이 이베이eBay를 통해 물품을 거래하는 것은 물론이요, 알리바바닷컴Alibaba.com 같은 기업간 전자상거래 서비스를 통해 6,000만 명 이상의 소기업 종사자들이 서로가 원하는 기술과 수요를 찾을 수도 있으니 말이다.

디지털 영토는 어지럽게 돌아가는 거대한 소용돌이이며, 때때로 상당히 혼란스럽기도 하다. 하지만 이 새로운 공간에 들어가 다양한 경험을 하는 주체는 인간애를 지닌 '우리'라는 사실에는 변함이 없다. 따라서 이러한 경험에 대한 생각, 감정, 가치관을 오랜 시간에 걸쳐 자리 잡은 인도주의적 언어로 표현하는 것, 그것이 우리가 할 수 있는 최선이다. 지금 이 시대에 우리가 '깊이 있는 삶'을 살길 바란다면 말이다. 또 기술이 그 어느 시대보다 더 우리의 모습을 친밀하게 특징지어줄 미래상을 그려주길 바란다면 말이다.

멀티태스킹의 함정

불과 10년 전만 해도 예상하기 힘든 일이었다. 이제 문자 메시지는 스마트폰과 유비쿼터스 인터넷 사용, 태블릿 문화에서 아주 중요한 위상을 차지하게 되었다. 세계적인 정보분석 기업 닐슨Nielsen은 미국에서 6만 명 이상 휴대폰 사용자의 이용내역서와 3,000명 이상의 사용자를 대상으로 소비자설문조사를 실시했다. 그 결과, 2010년도에 미국의 십대들은 매달 평균 3,339통의 문자 메시지를 주고받았다고 한다. 특히 13~17세의 여학생들의 이용빈도가 가장 높아서 평균 4,000통이 넘는 것으로 나타났다. 하루 단위로 환산하면 매일 133통가량을 주고받는 것이자, 1년 동안 깨어 있는 1시간마다 7통 이상을 주고받는 셈이다.

앞에서 살펴봤다시피 디지털 미디어는 놀라울 만큼 우리 생활 속에 깊숙이 파고들었다. 여기에는 복잡성뿐만 아니라 그에 대응하는 '단순화의 압박' 또한 수반되고 있다. 즉, 끊임없이 밀려들어오는 커뮤니케이션의 흐름을 통제하기 위한 압박이다. 이런 맥락에서 볼 때, 문자 메시지는 지금껏 정보의 홍수 시대를 위해 발명된 도구 중 가장 완벽한 도구라 할 수 있다. 순전히 숫자와 문자로만 이루어진 문자 메시지보다 더 단순한 디지털 상호작용 형태는 찾기 힘들다. 보내는 사람 자신의 상태에 따라 썼다가 수정하여 다시 써서 보내면 그 최종 발송 메시지에는 글이 쓰여진 과정의 흔적이 전혀 드러나지 않는다. 망설임이나 실수의 흔적도, 무의식중의 암시나 주의산만함의 흔적도 보이지 않는다. 즉각적인 동시에 비동시적이며, 필요로 하지만 주의를 요구하지 않는다. 사용자들에게 가능한 한 적은 요구를 할 뿐이다.

문자 메시지가 차지하는 중요한 위상은 우리가 쉽게 간과하는 어떤 진실을 부각시킨다. 궁극적으로 따져봤을 때, 우리에게 중요한 것은 편리함이지 통제력이나 기술의 이론적 가능성이 아니라는 점이다. 이 진실에는 편리함에 대한 우리의 욕구가 늘어날수록 여타 다른 통제력을 희생시키게 될지 모른다는 경고가 내포되어 있다. 말하자면, 우리 자신이나 타인에 대해 단순함과 편리함 이상의 어떤 것을 요구할 줄 아는 능력을 상실할 수도 있다는 이야기다.

2011년도에 개봉된 조지 클루니 감독의 정치영화 '킹메이커' 중에는 대선 캠페인 팀의 두 팀원이 침실에서 사랑을 나눌 때 뉴스속보, 블랙베리폰 벨소리, 이메일이 자꾸 두 사람을 방해하는 장면이 나온다. 이것은 우리 시대에 대한 신랄한 개그이다. 그것도 유력한 정계 인사들에게만 한정된 얘기가 아닌, 시간이 지날수록 우리 모두에게 해당하는 그런 개그. 모든 디지털 업데이트가 그러하듯 수시로 들어오는 그 수많은 문자 메시지들은 우리 사정에 맞춰 시간과 장소를 가려주는 법이 없다. 조지 클루니 영화 속 정치가들처럼 어쩌면 우리는 우리 기계의 '필요'를 우리 자신의 필요보다 위에 두고 있는지도 모른다.

 첫 번째 장에서 말했다시피, 와이어드 시간과 언와이어드 시간을 우리 삶의 다른 두 가지 자원으로 생각해야 한다. 물론 말하기는 쉬워도 실제로 실행하기란 훨씬 어려운 법이다. 하지만 우리가 진정으로 제대로 존재하기 위해서는 다른 방식의 시간을 구축하는 일은 여러 측면에서 절대적으로 필요하다. 다시 말해, 미디어로부터의 언와이어드 관점에서 보나, 서로 지극히 별개인 두 가지 문제(기술 시스템을 활용하는 최선의 방법과, 삶 자체를 살아가는 최선의 방법)를 구별하는 관점에서 보나 정말로 필요한 일이다.

 우리 시대를 가장 잘 대변하는 단어로 꼽히는 '멀티태스킹'을 예로 들어보자. 이 단어 속에는 현대생활의 토대가 되는 가정들이 내포되어 있다. 기술이 가져다준 최고의 혜택 중 하나가 여러 가지 일을 동시에 실행할 수 있는 능력이라는 가정과, 이런 능력 덕분에 우리가 여러 가지 일련의 활동을 병행하며 최대의 효율을 끌어낼 수 있다는 가정이 그것이다.

 2007년 3월, 〈뉴욕타임스New York Times〉에 이런 가정을 주제로 삼은 기사가 실렸다. '속도를 늦춰라, 겁 없는 멀티태스커여, 차 안에

우리의 주의력에게
멀티태스킹은 쉽지 않은 일이다.
꽃병과 사람의 얼굴에
동시에 집중해봐라.
잘 되는가?

서 이 글을 읽지 말 것', 글의 요지를 암시하는 이런 타이틀 아래 기사는 인지과학자이자 미시건 주립대의 뇌 · 인지 · 행동연구소 Brain, Cognition and Action Laboratory 소장인 데이비드 E. 메이어 David E. Meyer의 조언을 인용해 명백한 결론을 내렸다. 사소한 일이라면 모를까 그렇지 않은 경우엔 거의 예외 없이 '멀티태스킹은 오히려 속도를 둔화시키고 실수할 가능성을 늘린다. (…) 정보처리 능력의 관점에서 볼 때 주의산만과 방해의 소지는 불리한 요소다.'라고.

사실, 기사의 언급처럼 멀티태스킹이라는 개념은 어느 정도는 그릇된 통념이다. 이 결론은 기사 게재 이전은 물론 이후에도 여러 심리학자, 신경과학자, 사회학자 들이 실시한 수많은 연구를 통해 뒷받침되어온 것이다. 우리 인간은 기계와는 달라서, 다수의 복잡한 일들 사이에서 주의력을 쉽게 이리저리 옮기는 능력을 갖고 있지 못하다. 그러기는커녕 그 일들 사이에서 갈팡질팡 산만해져서 작업들을 동시에 수행한다기보다는 내내 주의력을 조각조각 분산시켜서 효율성을 떨어뜨리고 만다.

문자 메시지와 이메일 정도면 멀티태스킹으로 무리 없이 거뜬히 처리해낼 수 있다. 하지만 지속적인 정신력을 요구하는 일에 이런 분산된 주의력 '조각'을 결합시키면 우리의 다재다능함은 순식간에 퇴색하고 만다. 한 예로 마이크로소프트 사의 인터넷 조사에 따르면 직장인들이 이메일이나 문자 메시지에 답한 후에 '중대한 정신적 업무'로 복귀하기까지 평균적으로 25분 정도가 걸린다고 한다. 그렇게 한번 방해받고 나면 다른 메시지나 웹을 둘러보느라 한눈을 파는 경향이 있기 때문이다.

이미 1998년에 미국의 작가 린다 스톤 Linda Stone은 동시에 여러 가지 정보를 수박 겉핥기 수준으로 탐색하는 개념을 설명하기 위해 '지속적인 주의력 분산 continuous partial attention'이라는 신조어를 만들었다. 이러한 피상적이고 오락가락 오가는 주의력에 대한 개념은, 우리 대다수가 멀티태스킹이라고 생각하고는 그냥 시간만 더 소비하고 마는 그런 일을 설명하는 데 더 적절한 것 같다. 지속적으로 나오는 수많은 정보들에 걸쳐 포괄적인 정신작용을 일으키고 있긴 하지만, 그 어떤 정보에도 분산된 각각의 주의력이 '업무'의 총체적 요구에 맞춰주지 못하는 그런 일 말이다.

여러 정보원情報源에 주의를 분산시키는 것이 굉장히 효과적인 경우도 있다. 이를테면 자료 검색, 진행 중인 일의 경과를 면밀히 지켜보기, 한 무리의 사람들을 짜임새 있게 조직하기라든가, 아니면 단순히 영감을 얻거나 오락거리를 찾아 이리저리 둘러보는 경우 등등. 주의력 분산도 정보가 넘쳐나는 삶을 살아가기 위해서는 필요한 기술이다. 하지만 복잡한 생각에 온 주의력을 기울여야 할 때는 해당되지 않는 얘기다. 자신이 몸담고 있는 직무를 수행하고, 함께 일하는 동료들에게 심혈을 기울이는 경우 또한 마찬가지다.

기차 안에 앉아 이메일, 문자 메시지, 트위터를 확인하고 음악을 듣는다고 치자. 이때의 나는 그 자리에 있는 동시에 없는 셈이기도 하다. 내 주변의 세상과 사람들은 내 스크린상에 펼쳐지는 일들에 비하면 그다지 중요하지 않게 된다. 내 관심은 다른 곳에 가 있을 뿐만 아니라 이리저리 옮겨 다니느라 파편적으로 분산되어 있기도 하다.

이런 분산된 주의력을 중심으로 사람들 사이에는 새로운 행동양식이 생겨났다. 헤드폰을 쓰고 있다든지 문자 메시지를 주고받거나 통화를 한다든지, 주변을 촬영한다든지, 이런 방식으로 디지털 생활이라는 드라마 속에서 상투적 역할을 차지하게 된 것이다. 이는 말하자면, 언제든지 이용할 수 있는 소리와 시각, 친구들을 통해 답답한 현실의 제약으로부터 벗어나 숨 쉴 구멍을 찾는 자급자족적 시민이 되는 셈이다.

우리가 이런 상투적 역할을 존중하는 부분적 이유는, 그것이 현대의 삶을 이루는 하나의 논리이기 때문이다. 이런 주변과의 격리가 우리의 일상에서 꼭 필요한 고립이기 때문이다. 때때로 이런 역할을 하는 것도 필요하다. 하지만 이런 역할이 임시적 역할에서 그치지 않고 어느 순간 슬그머니 영구적 존재방식이 될 수도 있다는 위험성이 있다. 우리는 이런 위험성을 회피하면서 몇 가지 중요한 문제를 잊고 있다. 우리는 주위 사람들로부터 어떤 관심을 받아야 합당할까? 혹은 그들에게 어떤 관심을 되돌려줘야 할까? 그리고 우리가 충만한 의미에서의 '우리가' 되려면 나 스스로에게 어떤 관심을 받아야 하고, 또 관심을 기울여야 하는가?

우리는 무엇을 어떻게 기억하는가?

앞에서 던진 이 물음들은 우리가 수행하는 멀티태스킹과 관련된 것만이 아니다. 우리가 삶에서 디지털 기술에 얼마나 많은 것들을 위임할 준비가 되어 있는가와 관련된 문제이기도 하다. 그리고 우리가 커뮤니케이션만이 아닌 점점 더 많은 측면들을 아웃소싱(위탁처리)할 의지가 어느 정도나 되느냐의 문제이기도 하다.

  메모리(기억)를 예로 들어보자. 디지털 기계에서 '메모리'란 정보를 암호화한 이진수열을 가리킨다. 오늘날 컴퓨터의 평균 메모리는 그 용량이 제한되어 있긴 하지만 점차 방대해져서 수십억 비트까지 확장된다. 이 정도면 도서관 안에 있는 책, 수백만 개의 이미지, 몇 달 동안 볼 영화를 담을 만한 용량이다.

  이런 식의 디지털 데이터 기억장치는 어떻게 보면 인간의 기억을 능가한다. 컴퓨터의 메모리는 무엇이든 저장된 것을 완벽하고 정확하게, 그리고 객관적으로 기록해준다. 시간이 지나면서 흐릿해지거나 착오를 일으키는 일도 없다. 손상 없는 상태로 거의 무한대에 가깝게 공유되고 복사될 수 있을 뿐만 아니라, 지우는 편이 나을 경우엔 말끔히 삭제될 수도 있다. 색인을 붙이고 검색하는 것도 가능하다. 원격 접속이 되고 순식간에 세계 도처로 보낼 수도 있는 데다, 컨텐츠를 무한대로 재편집, 증강, 업데이트할 수도 있다.

  컴퓨터의 관점에서 보면 인간의 기억력은 시시하기 짝이 없다. 게다가 우리는 점점 우리 기억의 여러 부분을 컴퓨팅의 관점에서 판단

빅토리아 시대 과학의
최대 희망이었음에도 불구하고,
인간의 기억은 기계처럼 칸을 나누어
따로따로 담아놓을 수 없다.

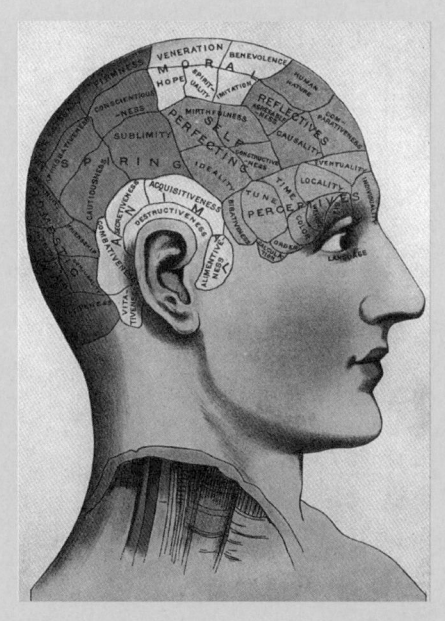

하고 있다. 그러다 보니 당연히 우리는 그런 부분의 기억에 대해서는 결핍되어 있다거나, 더 이상 필요 없다고 느끼게 된다. 전화번호에서부터 사진, 서류, 일기, 메모, 스케줄에 이르기까지 우리는 우리 삶 속의 중요한 기억들을 점점 더 많이 기계 속에 담아놓고 생활한다. 단순한 정보만이 아니라 어떤 일을 했으며 그때 어떤 감정이 일었는지, 가족과 어떤 친밀한 교류를 했는지, 그 순간까지도 기계 속에 담아놓는다.

요즘 들어 부쩍 주변에 첫아이를 보는 친구들이 많이 생기고 있다. 그런데 가만 생각해보면, 내 전화기가 다른 무엇보다도 가장 생생한 기억을 담고 있다. 전화기에 보관된 지난 몇 년간의 문자 메시지를 쭉 살펴보니 친구들의 출산 소식을 담은 메시지가 6개나 있고, 그중 몇 개는 출산 후 채 몇 분도 지나지 않아 보내준 소식들이다. 서로 짠 것처럼 내용들이 비슷비슷하다. 갓 태어난 아기의 이름, 출생시간, 감격스러운 감상과 체중을 알려주는 것이며 사진을 첨부한 것까지 비슷하다.

그 문자 메시지들을 보고 있으면 정말 흐뭇하다. 하지만 그렇게 메시지를 훑어보다 보면 가슴 한쪽에 거북한 느낌이 이는 것 또한 어쩔 수 없다. 내가 그 메시지들을 왜 보관해놓고 있는지 잘 알기 때문이다. 그 메시지들에 기대지 않으면 친한 친구들의 첫아이의 이름이나 생일도 기억하지 못할 게 뻔하니까. 나는 메시지들을 받고 나서 답장을 보냈고 카드나 선물도 함께 보낸 적이 있지만, 그 후엔 그 일에 대해선 까맣게 잊곤 했다. 블로그, 페이스북 사진, 네트워크 업데이트 같은 것들이 더 있음에도 불구하고 이런 신생아 소식은 내 의식에 별 인상을 남기지 못하는 편인 것 같다.

누가 나에게 어떤 이의 전화번호를 물어봤을 때 나는 '알고 있다'고 말한다. 전화를 끊지 말고 기다리라고 말한 후 핸드폰에서 전화번호를 검색한 후 알려준다. 내가 핸드폰을 통해 전화번호를 '알고 있다'는 맥락에서 따지자면, 나는 이 아이들의 이름을 '기억할 수 있는' 셈이다. 그 정보를 소유하고 있으니 말이다. 누가 물으면 핸드폰에 저장된 메시지를 확인하고 답해줄 수도 있다. 사실 어느 때고 켜져 있고 어느 때고 내 주머니 속에서 꺼낼 수 있는 장치에 이런 정보들을 기록해두는 것은 누구에게나 더없이 편리한 일이다. 하지만 이런 것을 '기억'이라고 말한다면 자칫 근본적인 오해를 일으키기 쉽다. 즉, 어떤 기억이 인간으로서의 나에게 중요한지에 대한 오해. 그리고 그 어떤 정교한 기계에도 위탁할 수 없는 기억들에 대한 오해다.

이를테면 아무리 방대한 데이터베이스라고 해도, 우리 인간에게는 당연하고 중요한 어떤 것이 결핍되어 있다. 바로 이야기다. 우리는 자연의 산물이지만, 살아가는 동안 스스로 만들어낸 저마다의 독특한 경험의 산물이기도 하다. 우리는 우리의 뇌가 장기기억과 단기기억을 맡는 영역이 있다는 것 정도는 알고 있다. 하지만 우리 인간의 뇌가 기계 같은 단순한 기억장치와는 차원이 다르다는 것 또한 알고 있다.

인간의 기억력은 특이하게도 생각, 느낌, 자아와는 따로 떨어진 존재이다. 우리가 경험하고 행동하고 배우는 것은 우리 자신의 일부가 된다. 우리는 사건, 사람들, 개념을 내재화하면서, 생각을 돌이켜보고 고쳐서 잘못 기억하여 과거를 현재의 지속적 일부분으로 간직한다. 느낌이나 믿음을 다른 곳에 위탁할 수 없는 것처럼, 있는 그대로의 기억을 외부에 위탁할 수는 없다. 또한 기억을 '우리'에게서 분리시킬 수도 없다.

다음은 작가 니콜라스 카Nicholas Carr가 2010년에 펴낸《생각하지 않는 사람들》에서 피력한 말이다. "기억의 본질은 그 미스터리와 취약성, 우연성은 말할 것도 없고 그 풍요로움과 개성에 있다. 기억은 시간 속에 존재하며 육체와 더불어 변해간다. (…) 그런데 개인적 기억의 대체물로 웹을 이용하며 내적 통합의 과정을 무시하면서, 우리는 기억의 풍요로움을 잃어버릴 위험에 처해 있다."

각각의 컴퓨터와 기기는 저마다 독특하고 나름의 역사를 지니고 있을지 모르겠지만, 그것들의 본질은 이런 독특함이 아니다. 컴퓨터와 기기들은 곧잘 자신의 역사와 '상관없이' 작동한다. 운영체제os가 버벅대는 증상에 익숙한 사람이라면 잘 알고 있을 테지만, 기계에게 과거 따위는 방해만 될 뿐인 짐이다. 오히려 정보를 정렬시키고 기억장치에서 운영체제 영역을 정리해주는 편이 원활한 작동을 위한 효과적인 방법이다. 일과 생산성의 측면에서 볼 때 이런 면은 배울 만한 교훈이지만, 인간 두뇌의 저장력 향상의 측면에서는 그 정반대의 교훈이 필요하다.

내 생각들에게
자유를 허하라

 우리가 다른 사람들과 나누는 상호작용의 본질과 특성을 감안할 때, 우리에게 통제력을 부여해주는 그 시스템들(이메일, 문자 메시지, 페이스북 상태 업데이트, 소셜미디어 등)은 우리에게 중요한 뭔가를 박탈해갈 수 있다. 다시 말해, 우리를 인간답게 잘 살아가게 해줄 인생사의 공유, 깊이 있는 감정, 서로의 독자성 인정 같은 상호작용을 앗아갈 수도 있다.

 그런데 니콜라스 카 같은 이들의 우울한 예측에도 불구하고, 꼭 그렇게 비관적인 것만은 아니다. 위기에 처한 것은 단순히 달라진 주의력과 기억의 방식이 아니라, 그 저변에 깔린 변화된 사고방식이기 때문이다. 사실, 사고란 우리 인간이 놀라운 적응력을 가진 영역이자, 우리의 머릿속에서 일어나는 일에 대해 당당히 주인 노릇을 할 수 있는 영역이다.

 컴퓨터 공학에서 '메모리 엔지니어링'으로 일컬어지는 신흥 분야를 살펴보자. 이 분야는 우리 모두가 따라잡지 못하는 어마어마한 디지털 정보를 다루기 위해 개발된 것으로, 그 접근법이 맹목적 집대성이 아니라 디지털 데이터의 인간화에 있다. 그래서 디지털 자료를 시시하게 전기, 전자 이런저런 것으로 전환시키려는 것이 아니라, 더 차별적이고 심원한 차원의, 감동을 안겨주는 뭔가로 전환시키려 노력한다.

이를테면 뉴욕에서 활동 중인 프로그래머 조나단 웨그너Jonathan Wegener의 일조로 창안된 서비스가 그 좋은 예이다. 일명 패스트포스츠PastPosts라고 불리는 이 서비스는 디지털 세계 속의 발자취를 더듬어 정확히 1년 전에 일어났던 일들을 알려준다. 말하자면 페이스북을 이용해 정확히 1년 전에 있었던 일들을 '상기시켜'주는 것. '1년 전 오늘 당신은 페이스북에서 무엇을 했을까?'라는 슬로건 하에 운영되는 이 서비스는, 정말 단순한 아이디어이긴 하지만 획일적인 전자 기록 속에서 개개인의 인생사를 구현시키기가 얼마나 쉬운지 부각시켜주는 한 사례이다.

결국 데이터는 우리가 그대로 내버려두면 시시한 것으로 남을 뿐이다. 친구들의 페이스북과 웹사이트를 둘러보고 친구들의 게임 아바타를 볼 때, 내 눈에는 그것이 반인간적인 뭔가가 아니라 개개인의 거듭되는 통제력 행사로 비친다. 문자 메시지를 통해 절교 선언을 한다면 그것은 잔인하고 비겁한 짓일지도 모른다. 하지만 소셜네트워크 사이트를 통해 아들의 생일을 알리고 거기에 친구와 가족의 덕담 댓글들이 줄줄이 달리는 경우라면 이때는 어느 누구의 명예도 손상시키지 않을 뿐만 아니라 인간적이기까지 하다. 마찬가지로 요즘 인터넷에는 한 가지 일에만 집중하도록 도와주는 긍정적인 응용프로그램들과 조언으로 가득하다. 가령 정해진 시간에 컴퓨터의 모든 네트워크 연결을 차단할 수 있는 프로그램에서부터, 글쓰기에 집중하도록 기능을 단순화시켜 온통 까만색 화면에 글을 타이핑하도록 된 '다크룸dark room' 워드프로세서까지.

하지만 디지털 시대에 살면서 우리가 육성시키기 가장 힘든 정신 상태는, 분산된 주의력에 대응하여 속사포처럼 발생하는 반사적인 반응과도 상관없고, 온 주의력의 절대집중과도 별 상관이 없는 것이다. 오히려 창의적 통찰력과 개인적 평온함과 관련된 것, 즉 자유로운 상념이다. 우리는 디지털 시대에 녹아들면서 그 자유로운 상념을 키워내지 못하고 있다.

이런 자유로운 상념은 생활 중의 '비어 있는' 시간에(가령 기차 안에서나 욕조 안에 있을 때, 걷던 중에, 혹은 책을 읽다가 창밖을 흘끗 내다볼 때)

떠오르곤 하지만, 디지털상으로 기획을 짜는 데 빠져 있거나 집중이 요구되는 오프라인 회의 중에는 재현시키기가 불가능하다. 대체로 이런 생각들은 삶이 빡빡하게 짜여 있지 않은 순간 살금살금 다가온다. 한마디로 돌발적이고 개인적이며 우연히 일어나는 것이다. 영국의 계몽철학자 존 로크John Locke의 《인간오성론》에 담긴 표현을 빌자면, '이해를 위한 숙고나 집중 없이 생각이 머릿속에서 떠오를 때' 일종의 자유가 부여된다.

이번 장의 맥락과 관련하여, 즉 주의력의 본질을 파악하고 이해하는 관점에서 볼 때, 여기에는 꼭 짚고 넘어갈 만한 경고가 암시되어 있다. 모든 체계와 전략에는 유별나게 굴 여지도 필요하다는 것. 우리의 생각을 전적으로 우리 자신의 것으로 만들기 위해서는, 남용되는 도구로부터의 압제에서뿐만이 아니라 우리가 보통 최고로 내세우는 필요와 전략에서도 자유로워져야 한다.

이 책을 쓰는 동안에도 나는 이런 자유의 효과를 느꼈다. 나는 원고 초안을 쓸 때면 대개 펜을 들고 종이에 글을 쓰는 편인데, 그렇게 꾸준히 글을 쓰다 보면 펜이 미처 따라가기도 전에 단어들이 술술 풀려 나오는 듯한 느낌이 든다. 습관적으로 이렇게 느린 글쓰기를 해보

작가의 노트와 여백 낙서.
주의력의 방랑을 허용하는,
어느 정도 이해 가능한 허가증.

면 글이 생각뿐만 아니라 소리와 사물처럼 느껴지면서 그 글이 떠오르는 순간 공감각共感覺적이고 감각적인 쾌감이 일어난다. 이런 방식으로 종이에 신중히 글을 쓰다 보면, 내 경우엔 글쓰기와 상념이 한데 어우러지기도 한다. 그것도 곧잘 예기치 않은 순간에, 그러니까 이런저런 생각을 하던 어느 순간 퍼뜩 문장과 구절이 떠올라서 컴퓨터 앞에 앉아 있을 땐 얻지 못했던 좋은 결과물을 얻게 된다.

나는 종이책을 읽으면서 여백에 메모를 하며 착상을 얻고자 한다. 나는 읽고 싶은 책이 있으면 들고 다니며 틈틈이 읽으면서 슬며시 착상이 떠오르길 기대한다. 그런 책들을 다시 넘겨보다 보면 어느 순간 생각이 퍼뜩 집중되는데, 바로 그때 책장을 넘기다 말고 글을 막 휘갈겨 쓴다.

이와 같은 행동들(손에 펜을 쥐고 책을 읽거나 가방에 노트를 넣고 다니며 산책하기)은 이런저런 생각을 해볼 여유를 허락해준다. 그래서 이제는 이런 행동을 사치스럽지만 꼭 필요한 과정으로 여기게 되었다. 내 일에 엄숙함을 부여하는 동시에 내 일을 나만의 것으로 삼으려면 말이다.

반면에 스크린을 보며 글을 쓸 때는 다시 읽어보거나 단락과 논점의 구조를 잡는 데 더 치중하게 된다. 둘 다 필요한 일이긴 하지만,

주의력을 분산시키기 때문에 인터넷 브라우징의 유혹에 훨씬 더 흔들리기 쉬워진다. 컴퓨터 앞에서 타이핑을 하고 있으면, 정신이 흐트러지는 순간, 잘 안 풀려 집중이 필요한 생각들을 주의력의 가장자리로 밀어내기가 쉬워진다. 아무튼 내 경우엔 컴퓨터 앞에서 편집하고 타이핑하고 검색하면서 이따금 이메일도 확인하고, 자꾸 산만해지는 경향이 있다. 그럴 땐 스크린 앞에서 물러나는데, 그러면 그제야 내가 정말로 신경 써야 할 문제에 생각이 미치기 시작한다.

그렇다고 나의 이런 작업방식이 모범적이거나 이상적이라는 얘기는 아니다. 다른 사람들은 고사하고 나에게조차도 항상 효과적인 방법은 아니니까. 나는 다만 바랄 뿐이다. 내 이런 작업방식이 디지털 도구의 논리가 인간 사고의 논리를 휘두르지 못하도록 막아줄 실질적 방법을 일깨워주는 계기가 되기를. 또한 다른 방식과 다른 종류의 시간을 가짐으로써 한 가지 태도에만 고정되지 않고 더 대범해질 수 있는 방법들을 알려주는 계기가 되기를.

우리는 환경에 적응할 수 있어야만 한다. 또한 이와 동시에 환경이 우리의 관찰력, 사고, 감정 전반을 수용하도록 촉구함으로써 환경도 우리에게 적응할 수 있어야만 한다. 그러려면 우리의 주의력을 분배

할 줄 아는 능력이 필요하다. 즉 어떤 생각이나 나 아닌 다른 사람, 그리고 배제됐던 모든 것들에 집중하는 것이다. 하지만 거기에는 그 밖의 자유를 위한 시공간도 필요하다. 뿐만 아니라 우리를 위해서 작동할 때만 그 당위성을 획득하게 되는, 바로 그런 자유를 누리는 우리를 위한 시공간도 함께 존재해야만 한다.

How to Thrive
in the Digital Age
Tom Chatfield

THE SCHOOL OF LIFE

제대로 알아야
제대로 쓰고
제대로 살 수 있다
Reframing Technology

Part 4

결국 모두 인간이 만들어낸 것이다

 2010년 여름에 나는 수년간 쭉 내 삶의 일부였던 회사의 본사를 처음으로 방문하게 되었다. 바로 구글Google 본사였다. 전에 런던에 위치한 구글 사무실에 가본 적은 있었지만, 그때껏 나는 구글을 은행이나 상점처럼 버젓이 실제로 공간을 점유하고 있는 존재로 여겨본 적이 없었다. 그런데 캘리포니아 주 마운틴 뷰 앰피시어터 파크웨이 1600번지 소재의 구글플렉스Googleplex 건물이 그 모든 생각을 바꿔놓았다. 이제는 인터넷 브라우저 맨 위 오른쪽 한 구석에 있는 구글 검색바를 볼 때면, 그 검색바 위에 어떤 장소와 얼굴들과 역사가 어른

거리는 것 같다.

대학 캠퍼스같이 꾸며진 구글 본사는 '별별' 체험이 다 가능한 별천지다. 체력단련 시설, 햇볕이 잘 드는 정원, 비치발리볼, 첨단기술로 작동되는 장난감, 세탁시설, 하루 세 끼 제공되는 구내식 등 직원을 위한 온갖 편의가 갖춰져 있으니 말이다. 한 직원의 말마따나, 구글은 직원들을 '어른처럼' 대우해준다. 직원들이 열심히 일하고 놀면서 각자 자유로운 시간에 알아서 자기 일을 하도록 믿고 맡긴다. 달리 생각하면, 이는 오히려 어린아이처럼 다루고 있다고, 아니면 정중한 온정주의 조직의 일원으로 대하고 있다고 볼 수도 있다. 더 잘 배우고 더 잘하게 하기 위해 일상적인 걱정으로부터 해방시켜주는 셈이니 말이다.

샌프란시스코 만 외곽에 환하게 불 밝혀진 건물들이 끝없이 늘어서 있고, 그 양쪽으로는 멀리 아스라이 보이는 산과 고속도로를 끼고 있는 그곳, 실리콘밸리는 다소 이상적인 분위기를 자아냈다. 그리고 캘리포니아에서 보내는 일정의 막바지에 이를 무렵엔, 구글에 대해서나, 캘리포니아에서 구글과 어깨를 나란히 하는 걸출한 기업 애플에 대해서나 혁신도시 특유의 위용 있는 분위기 그 이상을 느꼈다.

전 세계에 걸쳐 이용되는
디지털 서비스들도 특정한 장소와
시간으로부터 탄생된다.

해질녘의 실리콘밸리.

두 기업은 모두 문화적 풍족함이 남다른 데다 특유의 심미관과 태도까지 갖추고 있었다. 이를테면 애플의 경우엔 최대한 단순함을 추구하는 미니멀 모더니즘minimal modernism 원칙을 내세우고 있는데, 이 원칙 앞에서 유저user들은 거의 병적일 정도로 그 세련됨에 빠져들어 소비자 특유의 욕구와 변덕도 부리지 못하고 만다. 한편 구글 특유의 차별성은, 소프트웨어 도구를 끊임없이 조정해서 누구나 궁금해할 만한 것을 미리 예측하여 구현시킨다는 점에 있다.

물론 무자비한 경영논리도 없지는 않다. 구글의 경우엔 데이터를 무분별하게 수집하여 특정 검색어에 맞춘 맞춤광고로 막대한 수익을 창출하고 있다. 나는 구글의 본사 건물에 들어서기 전에도 대략적으로 이 정도는 알고 있었다. 하지만 실제로 그 안에 들어가 얼마간 그곳의 문화를 체험하면서 차츰 깨달았다. 내가 미처 몰랐던 것들이 얼마나 많았는지를.

다른 사람들 대부분도 마찬가지겠지만 나에게도 구글은 다른 무엇보다도 하나의 도구이자 동사이다. google은 이미 '검색하다'라는 의미의 동사로 통용되고 있으니 말이다. 구글은 편리성, 효율성, 원활성에 중점을 두고 있고 나는 그런 구글의 의도에 따라 구글을 사용해왔다. 즉, 기꺼이, 쉽게, 그리고 대체로 군소리 없이 사용하고는 그만이었다.

하지만 그곳도 다른 기업처럼 나름의 역사와 신념이 살아있는 곳이었다. 가령 그 성과, 그 훌륭한 기술 뒤에는 뛰어나면서도 편견과 결점을 지닌 사람들이 있었다. 세상의 모든 프로그램, 모든 제품과 모든 익명 인터페이스 뒤에는 언제나 그런 사람들이 있게 마련이듯 구글이라고 해서 별반 다를 바가 없었다. 그만큼 회사의 차후 행보에 대한 논쟁과 복잡한 감정들도 존재했으며, 잘 알려진 이슈는 물론 거의 알려지지 않은 업적 또한 있었다. '구글이 우리를 바보로 만들고 있다.'는 비판적 견해의 압력 때문에 당혹스러워하는 분위기도 느껴졌다.

어떠한 제품이든 우리는 그 제품의 생산 환경으로부터 무관심하기 마련이다. 휴대폰처럼 복잡하고 치밀한 제품을 사용하면서 그것이 존재하기까지의 부품공급과 제조의 복잡한 일련의 과정을 의식하기란 쉽지 않다. 회로와 배터리를 위한 금속 채광, 원유原油의 증류로 고성능 플라스틱을 만드는 과정, 공장 근로자의 노동과 소프트웨어 엔지니어링, 디자인과 시제품과 특허 등등을 어떻게 일일이 신경 쓰겠는가.

이런 무관심으로 치자면 구글 검색엔진 같은 스크린상의 제품은 그 정도가 훨씬 더하다. 전 세계에 존재하는 비슷비슷한 수많은 스크린들 중 하나 앞에서 나는 구글의 검색 서비스를 만들어진 것이 아니라 발견된 것처럼 마주한다. 그것은 어디에나 있으면서도 아무 곳에도 없다. 뉴미디어 부문에서 가장 흔히 붙이는 용어 두 가지를 빌려 말하자면, 유기적 '풍경'이나 '생태계'의 일부분이다. 구글이나 아마존 같은 서비스는 내 발에 신겨진 신발처럼, 혹은 내 주머니 속의 휴대폰의 경우처럼, 사람들에 의해 만들어진 것이라 의식적으로 여기기는 쉽지 않다. 그런 탓에 내 주변의 물질세계를 보는 방식대로 그것들을 비평하고 해석하고 '볼' 줄 아는 능력이 위축되어버린다. 그래서 이내 비평적이기보다는 습관적으로 사용하게 된다.

그렇다고 구글을 비난하는 것은 아니다. 그보다는 디지털 서비스와 기기들을 다루는 습관, 즉 그것들을 자연스럽거나 당연한 것으로 여기는 습관에 대한 비난이다. 역사나 인간적 실수와는 무관하게 그저 미디어 '풍경' 속에 존재하며, 단지 우리가 최대한 잘 찾아가면 되는 것으로 보는 그 습관 말이다. 구글과 아마존은 어느 모로 보나 청바지나 듀라셀 건전지처럼 인간이 만든 것이다. 그리고 겉보기로는 말로 형언하기 어려운 존재같이 느껴져도 그 이면엔 진지하게 이야기할 만한 역사적, 인간적 맥락이 무르익어 있기도 하다.

모르는 줄도 모르는 무지

나는 2010년 3월에 〈옵저버Observer〉지에 다소 온당한 논제에 대한 글을 게재한 적이 있다. 영국방송 채널4의 교육 프로그램 개발에 관한 글이었다. 구체적으로 말해 이 프로그램은 청소년들이 페이스북 같은 소셜네트워크를 안전하고 효과적으로 사용하려면 어떻게 해야 할지에 대해 좀 더 관심을 기울이길 바라는 의도 아래 온라인 게임을 개발하려 했다. 채널4로부터 게임제작 의뢰를 받은 런던 소재의 식스투스타트Six to Start 사는 조사의 일환으로 잉글랜드 남부 지역 학교의 학생들과 이야기를 나누었다.

그런데 학생들과 대화를 나누고 얼마 안 가 명확하게 드러나는 사실이 있었다. 거의 모든 십대들의 친구관계, 공부, 여가생활에서 미디어 기술이 끼치는 영향은 엄청났지만, 정작 십대들이 가지고 있는 그에 대한 지식은 대다수의 어른들이 예상했던 수준보다도 한참 모자랐다. 미국의 국방부장관이던 도널드 럼스펠드의 길이 남을 명언을 빌어 말하자면, 십대들의 거의 모든 미디어 경험의 이면에는 '모르는 줄도 모르는 무지unknown unknowns'가 수두룩했다. 다시 말해, 십대들 자신이 모른다는 사실조차 모르는 일들이 한둘이 아니었다.

그런 무지들 중에서도 가장 심각한 경우는 개인정보 설정privacy setting과 관련된 것이었다. 다음은 식스투스타트의 최고개발책임자 아드리안 혼Adrian Hon이 나에게 들려준 말이다. "이야기를 나눠본 십대들은 거의 모두가 자신들이 온라인 개인정보, ID, 보안 같은 문제라면 도사라고 생각했어요. 그리고 잔소리를 늘어놓는 어른들이 급기야 소아성애자 얘기까지 들먹이며 겁주려는 지경에 이르렀다는 건, 아이들이 더 이상 어른들이 뭐라고 하든 듣는 척도 안 한다는 얘기죠." 십대들에게 정말로 불안하고 취약한 부분은 낯선 사람들로부터의 성적 꼬드김이 아니라, 개인정보 설정, 업로드된 사진, 휴대폰 번호, 출생일 같은 것들이다.

혼은 덧붙여 말했다. "대다수 아이들이 온라인 왕따를 걱정하고 있어요. 더 보편적인 의미로 바꿔 말하면, 사회적 지위에 대한 걱정인

거죠. 딱히 꼬집어 말하기 어려운 막연한 불안감도 많았어요. 그러니까 온라인에서 다른 사람들이 자신에 대해 뭘 알게 될지 불안해서 초조해하는 그런 겁니다. 솔직히 페이스북의 개인정보 설정 메뉴는 몇 개월마다 바뀌는 것 같던데, 심지어 우리 어른들도 뭐가 뭔지 다 이해하기 어렵잖아요."

어린 세대는 디지털 삶으로의 전환에 거리낌도 없고 기꺼이 응할 거라고 생각하지만, 그런 추측의 이면에 이런 실상이 숨겨져 있었다. 아주 일부의 부모들이 깨닫고 있기는 하지만, 십대들의 삶 속에서도 기술은 그 나름대로의 걱정, 불안, 떨칠 수 없는 의혹을 불러일으키고 있다. 게다가 이런 점이 공식적으로 문제 제기되는 일이 드문 탓에 관련 당사자들에게 도움을 주고 싶어도 주지 못하고 있다.

혼의 팀에서 개발한 게임, 스모크스크린Smokescreen은 2010년도 사우스바이사우스웨스트 페스티벌에서 최고의 게임상을 받았다. 이런 문제를 솔직히 인정한 점이 높이 평가되었던 것이다. 대체현실게임 Alternate Reality Game인 스모크스크린은 게이머들에게 잇따른 임무를 부여한다. 가령 온라인 공개초대로 열린 파티 같은 이벤트가 금세 난잡해지는 것을 보고 그에 대처하는 역할이나, 앞으로의 진로에 흠이 될 사진들 때문에 난처해질까봐 정리하려고 씨름하는 역할을 수행시킨다. 아주 간단한 역할 같아 보이지만, 상당수의 소셜네트워크 성인 유저들조차도 잘 수행해내지 못하는 것들이 많다.

혼이 확인했다시피, 십대들은 디지털 세계의 위험성에 대해 더 배우고 싶어 한다. 심지어 적극적인 관심도 갖고 있다. 문제는 십대들에게 이런 논의가 제기되는 통상적 방식이 '신뢰할 수 없다'는 점이다. 호들갑스럽게 다루어지는 것은 주로 성 관련 문제이고, 덜 자극적인 관심사는 다루어지지 않는다. 혼의 주장처럼 정말 필요한 것은, 온라인 행동강령의 교훈으로 삼기에도 적당한 다음과 같은 것이다. "스마트해져라. 그리고 지금 당신이 한 행동의 결과에 대해 잠시 생각해보라."

나는 보다 강력하게 주장하고 싶다. 디지털 미디어의 공부와 토론이 전 세계 교육제도에서 언어, 수리, 과학과 마찬가지로 의무과정이 되어야 한다고. 미디어에 도사들인 학생들이 시큰둥해할 만한 그런 기본적이기 짝이 없는 '요령' 지침 따위를 얘기하는 것이 아니다. 그보다는 디지털 역사와 더불어 소셜미디어 서비스와 검색엔진에서부터 '아바타'와 '월드 오브 워크래프트'에 이르기까지 모든 것에 대한 현실과 한계를 토론해볼 기회를 마련해주어야 한다. 특히 무엇보다도, 세대간에 공감대를 느껴볼 자리도 필요하다. 디지털 세계에 대해 각 세대가 서로의 경험을 이야기하기도 하고 귀 기울여 들어볼 수 있도록 말이다.

당연하다고 생각하는 순간, 우리가 잃는 것들

이번 장은 1998년에 캘리포니아에 설립된 구글의 탐방기로 이야기를 열었다. 그런데 전자파일 체계에 대한 개념에서부터 월드와이드웹 프로토콜에 이르기까지 디지털 세계와 관련된 부분에서는 그 물리적 실체를 상상하거나 친근하고 인간적인 이야기를 발견하기란 쉽지 않다.

가령, 자유롭게 이용할 수 있는 인터넷 자원의 경우조차 그렇다. 왜 현대의 디지털 기기는 거의 예외 없이 정보를 개별적 '파일' 시스템에 저장하는지, 그 정확한 이유를 이해하기는 힘들다. 게다가 컴퓨터 공학자가 아닌 한, 이런 시스템의 장점과 단점을 논한다는 것은 어림도 없는 일이다. 다른 식의 시스템도 가능했을 거라는 예측이나 아니면 미래에 어떤 대체 시스템이 가능할지를 검토하는 문제 또한 마찬가지다.

물론 이것은 복잡한 기술 전반에 걸쳐 해당되는 사실이다. 하지만 디지털 기술에 관한 한 이런 '갇힌' 개념의 영향력과 불가시성은 특히 더 중요한 의미를 갖는다. 재론 레니어가 《디지털 휴머니즘》에서 강조했다시피, 음반 저장물같이 간단해 보이는 것조차 특정한 기술적 포맷과 기기에 의존하고 있다. 즉 컴퓨터 파일로 저장된 책, 영화, 노래는 물리적 기록과는 달리, 그 데이터를 소리나 영상으로 전환시켜줄 적절한 소프트웨어와 하드웨어가 없으면 시체란 얘기다.

이런 기술들은 접근성에서는 더할 나위 없이 쉽다. 하지만 이해하는 차원의 문제에서는 줄곧 더 어려워지기만 하고 있다. 이것은 수많은 제조자들도 잘 알고 있을뿐더러 암묵적으로 조장하는 부분이기도 하다. 구매 후 곧바로 사용할 수 있도록 작동되는 기기와 서비스를 팔아, 사용자가 자신의 경험에 맞게 설정하거나 그 안에서 어떤 작동이 일어나는지 알 기회를 거의 주지 않으니 말이다.

이런 기기의 매력은 무엇보다 편리함과 보안성이니, 특정한 통제력 상실 정도는 치를 만한 대가일 수도 있다. 물론 그것도 구매자들

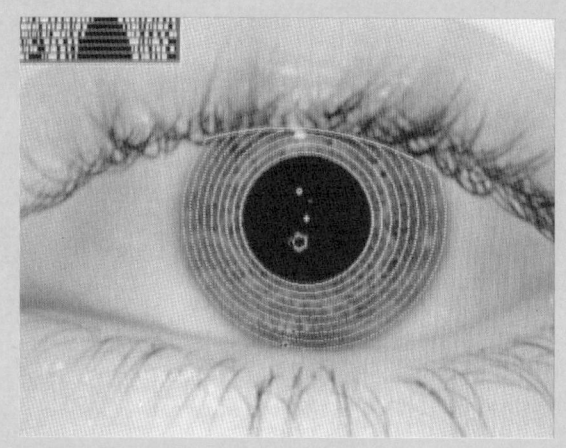

기술의 문제와 잠재성을
이해하는 문제는 계속해서
점점 더 어려워지고 있다.

당신이 눈 깜빡하는 사이에 놓치는 것들.

이 대가가 치러지고 '있음을' 의식하는 경우에 한해서일 텐데, 하드웨어는 물론 소프트웨어에서도 이런 식의 의식은 부족한 편이다. 읽지도 않고 넘겨버리는 최종사용자 이용약관의 장황한 페이지에는 우리가 이런저런 서비스를 이용하는 순간 어떤 권리들을 양도하는지 명시되어 있다. 구매동의서를 보면, 수많은 디지털 상품은 사실상 구매자에게 소유되는 것이 아니라 단지 이용 인가되는 것이다. 두 경우 모두, 특정 서비스나 상품이 해약되는 순간에 남는 것이라곤, 사용할 수도 없는 무용지물의 정보들뿐이다.

이런 상황을 파악하는 것은 만만치 않은 도전이다. 디지털 제품과 서비스를 이용하는 우리 일상의 나날들이 심각하게 방해받을 수 있기 때문이다. 하지만 이 점을 명심해야 한다. 우리가 이용하는 그런 도구 속에 암호화된 의도와 제약을 자세히 들여다보지 않는다면 발전의 기회는 그만큼 적어지고 남용은 늘어날 수밖에 없다. 영국의 개방대학Open University에서 기술의 대중적 이해를 연구하는 존 노튼John Naughton 교수가 2011년 11월〈옵저버〉지 기사에서 밝혔다시피, '무료 서비스를 이용할 때 반드시 인정해야 하는 것이 있다. 당신이 (아니, 더 정확히 말해서 당신의 정체성이) 그 서비스의 상품이 된다는 사실'을 기억해야 한다. 온라인에서도 공짜란 없다.

우리가 사는 지금은 단지 기계라기보다는 하나의 생태환경과 맞먹는 서비스와 기기들의 시대인지도 모른다. 그래서 그런 시대 분위기에 맞추어 우리가 제조자들까지도 그런 식으로 똑같이 취급하게 되는 건지도 모른다. 디지털 세계의 끊임없이 변하는 풍경 뒤에 숨겨진 역사와 복잡성을 파악하지 못하겠다면, 그것을 파악해낸 이들에게 손을 뻗어 그들의 비평, 경고, 추천, 대안에 관심을 가져보는 것도 좋다.

하룻밤 사이에 뚝딱 페이스북을 대체할 방도나 아마존을 물리칠 온라인 소매점을 내놓는다는 것은 무리이다. 하지만 어떤 경우든 조금 더 잘 이용하는 법을 배운다거나, 이런 미디어 공룡들조차 해줄 수 없는 것이 뭔지 생각해보는 일은 가능하지 않겠는가?

*가상의 사건이 현실에서 일어났다는 가정하에 네티즌들이 사건을 해결하는 게임으로, 가상의 시나리오 또는 가상의 인물을 실제 현실과 연결시켜 사건을 만들고 그 사건을 해결해나가는 것을 말한다.

How to Thrive in the Digital Age
Tom Chatfield

THE SCHOOL OF LIFE

권위의 종말

Sharing, Expertise and
the End of Authority

Part 5

디지털 세계에서
'최고'란 무엇인가?

1998년 스탠포드대생 두 명이 '대규모 하이퍼텍스트 웹 검색엔진 해부'라는 제목의 논문을 발표했다. 그런데 이 딱딱한 제목 뒤에는 훗날 디지털 시대의 가장 중요한 개념 중 하나로 판명될 만한 글이 실려 있었다. 바로 세계적으로 점점 방대하고 다양해지는 온라인 정보의 창고를 위한 새로운 식별원칙이었다.

논문의 저자들은 이런 의문을 제기했다. '누구든 원하는 것을 뭐든 올릴 수 있는, 제어되지 않은' 미디어를 정말로 마음에 딱 드는 검색결과와 조합시킬 수 있으려면 어떻게 해야 할까? 어떻게 해야 검색자에게 정보의 탐색 위치뿐만 아니라 가장 정확하고 필요할 만한 정보까지도 알려주는 그런 검색결과를 제공해줄 수 있을까? 이 물음에 대한 논문의 해답이, 그리고 그 해답이 존재할 뿐만 아니라 수십억 개의 문서 처리에 확대 적용될 수 있다는 저자들의 믿음이, 그 뒤로 10여 년 사이에 세계 변화에 지대한 공헌을 하게 된다.

논문의 저자는 바로 세르게이 브린Sergei Brin과 래리 페이지Larry Page였고 두 사람의 제안은 Google이라고 명명한 검색엔진을 위한 것이었다. 이 이름은 'googol(10의 100제곱)'이라는 수학용어를 재치있게 비튼 것이다. 웹 검색엔진이야 1990년 초부터 있었다. 그러나 브린과 페이지는 검색결과의 품질 향상을 위한 시도에서 연구가 미비하다는 점에 주목했다. 두 사람이 이룬 혁신에서 가장 의미 깊은 부분을 꼽는다면, 학술연구의 방법론 자체에서 이런 품질 문제의 해결책을 엿본 통찰력이다.

오래전부터 학계에서는 연구의 권위가 '얼마나 많이 인용되는가'에 따라 평가되어왔다. 즉, 어떤 연구 논문이 발표된 이후에 다른 논문 100여 개에서 인용되면, 단 한 번도 인용된 적 없는 연구보다 더 권위 있는 것으로 인정받게 된다. 브린과 페이지는 바로 이와 유사한 논리에 따라, 인터넷상에서 어떤 페이지가 다른 페이지들에 링크된 횟수를 그 페이지의 중요성과 우수성을 따져볼 만한 효과적인 척도로 판단했다. 게다가 이런 링크 횟수에 따른 평가는 상당히 정교한 알고리즘에 의해 자동실행시킬 수도 있는 것이었다.

논문에서 개략적으로 설명되기도 한 이 알고리즘은 일명 '페이지랭크PageRank'로 명명되었다. 세계에서 단연 독보적이고 가장 유력한 디지털 서비스라고 해도 과언이 아닌 지금의 구글 검색엔진에서, 이 페이지랭크는 여전히 핵심개념으로 자리 잡고 있다. 페이지랭크는 초창기부터 지금에 이르기까지 그 사이 어마어마하게 정교해졌고, 정확한 공식은 사내기밀로 철저히 관리되고 있다. 하지만 구글에서 변함없는 원칙으로 세우고 있는 것이 있다. 아주 정확하게 대중을 관찰하는 것이 품질 자체에 핵심이 될 수 있다는 원칙이다.

이런 대중 관찰은, 개발자들이 온라인 자원의 품질을 직접 평가하도록 요구하는 방식이 아닌, 페이지랭크 같은 알고리즘에 의해 자동으로 모든 사람들의 웹 이용과 구성 동향을 관찰하는 방식으로 이루어진다. 관찰의 핵심 변수에는 어떤 웹사이트 외부로부터의 링크 수, 방문자 수, 업데이트 빈도, 컨텐츠의 종류 등이 포함된다. 이 외에 어떤 사이트의 방문자 성향, 방문자의 방문 시간과 호감도, 연결된 다

프랑스에서는 최고의 권위자들만이
파리 판테온 성당에 묻힐 수 있다.
디지털 세계에서
'최고'란 무엇을 의미할까?

른 사이트들의 상대적 권위, 순위를 끌어올리기 위한 인위적 시도를 벌인 듯한 수상한 행동의 유무 여부를 비롯한 정교한 다단계 지표들도 있다.

구글을 비롯한 여타 검색엔진들의 날로 진보하는 통계적 분석 이야기나, 특화된 검색결과를 위한 경쟁 이야기는 그 자체로 흥미진진하다. 하지만 더 주목할 부분은 이런 것들이 상징하는 문화적 변화이다. 불과 10년이라는 시간 사이에 어느 때보다 더 막대한 데이터 세트data set를 처리하게 된 혁신은, 권위의 의미에 대한 우리의 인식을 크게 변화시켰기 때문이다. 그것도 역사상 그와 비슷한 기간 사이에 그만한 유례가 없을 만큼 큰 폭으로. 그뿐만이 아니다. 그와 더불어 문화적·지적 가치관에 대한 중심적인 관념까지 일정 부분 변화시켜 놓았다.

권위는 이제
대중에게로

영어에서 '권위authority'라는 단어가 처음 사용된 것은 13세기 초로, 학문적 의미가 강하게 내포된 고대 프랑스어에서 들어왔다. 당시에는 보통 'auctorite'라는 철자로 쓰였던 이 단어는 신뢰할 만한 원전原典이라는 뜻이었다. 문화적이거나 신앙적인 주장의 토대로 삼을 만한 원전이라는 의미도 있었는데, 이런 원전 중의 최고봉은 추앙받는 고전작가와 종교작가 들로부터 신봉되었던 성경이었다. 이런 원전들은 작가들에게 정확성의 보증수표였을 뿐만 아니라, 그 의미를 파악하여 그것을 세상에 적용할 경우엔 높은 학식과 비판적 사고를 인정받는 보증수표이기도 했다.

권위에 대한 경의는 단순히 관습의 문제만이 아니라 정치 체계와 지적 체계 전반의 기반이 되었다. 시간이 지나면서 '권위'는 존경받을 만한 학자, 혹은 영주, 군주, 대수도원장같이 지위상 다른 사람들의 복종을 받을 만한 사람을 지칭하는 뜻도 갖게 되었다. 둘 중 어떠한 의미이든, 그 경의의 행위 속에는 일종의 신뢰가 내포되어 있었다. 이런 경의가 사회적 선善이자 문화적 선이라는 관념 속에는 그 무엇 못지않게 신뢰가 깃들어 있는 셈이었으니 말이다.

물론 계몽, 민주화, 대중문화에 힘입어 이런 경향은 시들해진 지 오래이다. 하지만 전문적 지식에 대한 어느 정도의 신뢰는, 본질적으로 비평가와 창작자의 특성이 한데 뒤섞인 사람들을 통해 여전히 문화생활의 한 부분으로 남아 있다. 대량의 데이터 세트의 힘에 의해 급격히 변형되고 있는 과학적 탐구방법의 경험적 영역을 제외하면, 우리는 우리가 뭘 좋아하고 싫어해야 하는지에 대해 조언해주는 일을 하는 사람들을 오래전부터 묵인해왔을 뿐만 아니라, 심지어 그들의 역할을 요구하기도 했다. 대중의 기호를 구체화하는 동시에 교육하려 들며, 어떤 분야에서 무엇이 최고인지 그 표준을 마련하려는, 그런 사람들을 말이다.

하지만 이제는 이런저런 견해들이 넘쳐나다 보니 아무리 근거가 확실한 비평 견해조차도 수많은 요소 중 하나에 불과하게 되었다. 어떤 책이 가장 잘 팔리고 어떤 영화가 가장 관객을 많이 끌어들이고 어떤 예술작품이 최고가에 팔리고 투표에서 누가 최고의 득표를 올리는지 따위야 이미 오래전부터 흔한 비평들이었다. 하지만 지금의 디지털 시대에서는 10여 년 전까지만 해도 접하지 못했던 완전히 새로운 규모와 종류의 경험주의가 구현되고 있다. 오늘날에는 손가락만 까딱하면 그 어떤 베스트셀러 목록보다도 훨씬 더 교묘하고 널리 통용될 수 있는 인기순위를 곧바로 접할 수 있다. 실행 가능한 온갖 형태의 질문에 대한 결과들이 수많은 인기순위를 만들어내고, 이는 끊임없이 진화하고 있다.

오늘날의 검색엔진은 어떤 언어든 거의 모든 단어나 구절에 대해서든 찾아서 보여주고 순위도 매겨준다. 또한 아마존 같은 서비스 덕분에, 문화적인 것이든 상업적인 것이든 거의 모든 상품의 판매량 순위는 물론 구매자들의 평점과 사용평까지 클릭 한 번이면 덤으로 얻어낼 수 있다. 우리는 여전히 구매자들 사이의 비평적 의견과 견해차이를 인정한다. 하지만 누구나 자신의 의견을 가질 수 있을 뿐만 아니라 널리 퍼뜨릴 수도 있는 환경이라면, 단순히 개개인이 전문적 의견을 내세우는 것은 그 속이 뻔히 들여다보일 정도로 얄팍해 보일 여지도 있다.

이쯤에서 한번 온라인에서 무언가를 검색하는 것이 정확히 무슨 의미인지에 대해 생각해보자. 산의 높이나 어떤 국가의 인구수 같은 정보가 경험적 가치를 지닌다는 점은 인정하기 그리 어렵지 않다. 하지만 '피카소가 20세기 최고의 화가인가?' 같은 의문도 마찬가지로 점차 경험적 양상을 띠어가고 있다. 지금은 인터넷에 이런 질문을 올리면 전 세계에서 올라온 답변이 연관성에 따라 분류되어 눈앞에 펼쳐지는 세상이 아닌가. 종합적으로 취합된 정보를 언제든 이용할 수 있는 것이다. 그것도 달랑 답변 하나가 달리는 형태가 아니라, '피카소가 20세기 최고의 화가라는 것에 대해 사람들은 저마다 뭐라고 말할까? 그리고 그런 말들 중에 가장 권위 있는 의견은 뭘까?'라는 은연중에 품어볼 만한 의문도 함께 풀어줄 그런 구체적인 형태로 말이다.

사실, 이것은 우리가 지난 과거까지만 해도 비평가들에게 의지해오던 판단이다. 아니, 비평가들만이 아니라 출판업자에서부터 편집자와 교육자에 이르는 온갖 종류의 정보통제자들에게도 기대던 것이다. 과거 수세기 동안 일반인은 어느 누구도 세상의 지식을 한 조각이라도 개인적으로 소유하거나 소비하지도, 제대로 탐색다운 탐색도 하지 못했다. 그런 탓에 조언을 구하고 자신에게 맞는 자료를 고르는 것은 물론, 애초에 그런 영구적 기록물을 접할 방법까지 늘 다른 사람들에게 기댔다.

오늘날에는 뭔가를 선택할 때, 선택하고 나서 공표하는 순서로 일이 진행되지 않는다. 그보다는 외부에 아웃소싱되어 진행되는 비즈니스처럼 되었다. 다시 말해 이제는 거의 모든 것이 세상의 시선에

노출되어 있고, 정보통제자들만이 아니라 대중의 기호에 의해서도 엄밀히 걸러진다. 사실, 이것은 대다수 디지털 비즈니스 모델을 돌아가게 하는 심장이다. 이제는 먼저 선택하고 나서 공표하는 것이 아니라, 일단 공표하고 나서 세상 사람들의 선택에 따라 반응한다. 즉, 대중의 마음을 얻는 것들은 아주 중요시하고 그러지 못한 것들에는 별 신경도 쓰지 않는다.

강한 자만이 살아남는다

앞서 말한 현상을 가치와 권위의 위기라고 한다면, 여러 모로 볼 때 상당히 자비로운 위기이다. 과거에는 위압적이기만 하던 성채의 문이 열린 셈이기 때문이다. 하지만 문화의 새로운 추세 속에서 그저 표류하는 것 이상을 목표하는 사람들의 입장에서는 유독 우려스러운 영역이 두 가지 있다. 바로 지적 영역과 경제적 영역이다.

지적인 관점에서는 평준화가 하나의 우려사항이 될 수 있다. 탁월성의 개념이 붕괴되면서 아마추어리즘과 자기홍보로 뒤덮이게 되었으니 말이다. 여러 작가들을 통해 주장된 바이지만, 2007년 출간된 미국 작가 앤드루 킨Andrew Keen의《구글, 유튜브, 위키피디아, 인터넷 원숭이들의 세상》의 부제처럼 '오늘날의 인터넷은 우리 문화를 말살시키고 있다.' 즉, 지식인, 예술가 들과 연합한 정보통제자들의 판별에 의해 문화가 선전·보호되고 있어 문제라는 이야기다.

킨의 주장에 따르면, 디지털 기술의 홍수로 인해 책과 잡지에서부터 음악, 영화, 정치적 담론에 이르기까지, 모든 분야에서 대중에게 영향을 미치거나 논쟁의 '초점'을 제공해줄 만한 중요한 능력이 저하되고 있다는 것이다. 그 대신 우리는 사소한 것과 심오한 것 사이를 변덕스레 이리저리 건너뛰면서 가장 소화가 잘 되는 것 주위에서 가장 오래 서성거린다.

킨의 주장은 과거 민주화에 대해 가졌던 우려와 비슷한 맥락이다. 킨은 전문가의 여과 대신 대중의 접근이 활발해지면서 인터넷이 인간의 본성에 군중적 힘을 부여했다고 주장했다. 이의를 제기하는 목소리나 남들과 다른 목소리는 묻어버리고, 쉽게 소화되는 주장들을 내세워 수종적인 다수의 마음을 사로잡아 대중문화에 영합하면서 말이다.

이런 문화적 비판에는 경제적 주장이 결부되기도 한다. 전통적 미디어 비즈니스 종사자라면 지난 10년 동안 지겹도록 들었을 주장인데, 그중에서도 가장 최근 판이자 가장 강력한 논조로 피력된 주장이 담긴 저서를 꼽자면 미국의 작가 로버트 레빈Robert Levin이 2011년도에 펴낸 《프리 라이드Free Ride》일 듯하다. 이 책의 부제 '디지털 기생충이 어떻게 문화사업을 파괴하는가? 또 문화사업은 어떻게 반격할 수 있을까?'에 요지가 드러나 있다시피, 레빈은 《프리 라이드》를 통해 현대 '문화산업'의 구조와, 디지털 기술로 인해 문화산업의 비즈니스 모델이 입은 피해에 대해 파헤치며 다음과 같은 견해를 피력했다. "전통적 미디어 기업들은 소비자들에게 소비자들이 원하는 것을 제공해주지 못해 곤경에 빠진 것이 아니라, 그런 사업을 통한 수익을 거둬들이지 못하기 때문에 곤경에 빠져 있다."

레빈의 지적처럼, 디지털 미디어에서 수용하는 '공개open'나 '무료free' 같은 개념은 원칙적으로는 반박하기 어려울지 모르지만, 그 개념 속의 실제적 의미를 따지면 얘기가 달라진다. 개설자들에게 컨텐츠에 대한 통제력을 내주는 대가로 그런 특권이 부여되는 셈이기 때문이다. 물론 그들에게 돈벌이를 시켜주는 대가는 말할 것도 없을 테지만.

시시콜콜 따지려 들자면 구 미디어의 붕괴에 대한 통계학적 세부 내용들까지 거론할 수도 있다. 하지만 디지털 미디어의 출현으로 인해 기존의 수많은 비즈니스 모델이나 문화적 가설 모두에 막대한 피해가 가해졌다는 점에 대해 진지하게 논의하고 싶은 사람들은 별로 없을 테니 여기서는 건너뛰겠다. 사실, 지금 우리에게 진짜 위급한 문제는 '무슨 일이 일어나고 있는가'라기보다는 '그것이 얼마나 중요한가'이다.

흥미롭게도 이 점에 대해서는 레빈과 킨의 논점이 일치한다. 두 사람의 견해에 따르면, 디지털 기술은 경제와 사회 양면에서의 영향력을 이동시켰다. 즉, 문화적·지적 작품의 창조에 관여하는 사람들이 지녔던 영향력은, 모든 미디어와 아이디어가 한꺼번에 세차게 들어가는 인프라의 지배자들에게로 이동했다. 온라인 권위가 점차 전문가의 지식으로부터 분리되어왔듯이, 문화적 산물 또한 재능으로부터 분리되어가는 듯한 상황이다.

이것은 양뿐만 아니라 질에 대해서도 관심을 갖는 사람에게라면 상당히 충격적으로 들릴 것이다. 게다가 디지털 세계의 불편한 역설 하나도 암시하고 있다. 그러한 방식으로 인해 다양성과 개방성이 소수 주자들의 영향력을 약화시키기보다 오히려 증대시켜왔다는 사실을 말이다.

예전엔 대중의 관심을 끌기 위해 경쟁을 벌이는 대상이 수천 개였다면, 이제는 그 수가 수백만 개를 넘어서고 있다. 이러한 상황에서 디지털 환경은 그게 누구이든 확실한 틈새를 점유한 이들에게라면 새로운 기회로 넘쳐나는 곳으로 다가온다. 한마디로 '롱테일법칙Long Tail theory'이 지배하는 환경이다. 하지만 이런 규모의 변화에서 특히 주목할 만한 영향은 다양성이 아니라, 유력한 소수가 유례없이 높은 자리로 올라서게 된 대목이다. 아마존이나 이베이 같은 기업이 온라인에서 디지털 시대 이전에는 상상할 수도 없을 정도의 세계적 우위를 획득해낸 것을 생각해보자. 이런 기업의 사례처럼 문화와 아이디어의 투쟁 역시 대중의 관심을 얻는 데 성공한 소수가 어느 때보다 막강한 우위를 점하고 있다.

이런 류의 경쟁은 진화론상으로 볼 때 잔인한 측면이 있다. 책을 예로 들어보자. 당신이 이 책을 디지털 버전이 아닌 종이책으로 읽고 있다면, 당신은 지금 단 하나의 목표만을 가진 물건을 들고 있는 것이다. 즉, 책은 오로지 이 글을 독자에게 전해주기 위한 목표 외에는 다른 목표가 아무것도 없다. 하지만 이 글을 아이패드 같은 기기의 스크린상에서 읽고 있다면, 이 글은 다른 디지털 문서들만이 아니라 음악, 영화, 뉴스, 블로그, 게임 등의 다른 컨텐츠들과 같은 물리적 공간을 공유하고 있는 셈이다.

디지털 시대의 본질상 이런 컨텐츠는 우리에게 같은 경로를 통해 밀어닥쳐서 동시에, 혹은 끊임없이 연이어 소비되고 있으며, 그 정도는 점점 심해지고 있다. 다시 말해, 강한 것만이 살아남게 될 것이다. 하지만 이 경우엔 강하냐 약하냐를 판단하는 데에는, 불멸성의 가치로 판단한다는 등의 엄밀한 기준이 적용되지 않는다. 고전으로 평가받을 만큼 어떤 분야에서 오랫동안 명맥을 이어온 작품들조차도, 힘의 근원은 그런 엄밀한 시선이 아닌 다수 대중을 척도로 삼게 된다. 이제 그런 새로운 권위가 탄생한 것이다.

공유의 시대에서 잘 살아남기 위해

온라인이 벌이고 있는 행동이 이런 측면만 있다면, 온라인에서 표류하는 것 이상을 희망하는 사람들에게 현재는 모진 현실이 되고 말

것이다. 하지만 나는 킨과 레빈과 같은 이들의 주장을, 바꿀 수 없는 운명으로 받아들이고 체념하는 것이 아닌 우리에게 보내는 경고로 받아들이는 것이 최선이라고 생각한다. 또한 여러 전통적 비즈니스 모델이 파멸을 맞을 운명일지 모르겠지만, 탁월성, 비판적 통찰, 번득이는 창의적인 재능에 대한 개념들이 쉽게 내팽개쳐지지는 않을 것이라고 믿는다.

알고리즘은 인간의 행동을 상상을 초월하는 규모로 결집시킬 수 있다. 이것이 알고리즘의 유용성과 힘이다. 하지만 그로 인한 인간 개개인으로서의 규모 상실은 알고리즘의 최대 태만일 뿐만 아니라, 2004년의 페이스북 설립과 2006년의 트위터 창립 이후로 두 서비스의 사용자만 총 10억 명 이상에 이르게 된 주된 이유 중 하나이기도 하다. 하지만 이 같은 최근의 디지털 개발의 물결 속에는, 다수의 힘에 대한 예견 못지않게 개인의 힘에 대한 예견이나 사적인 측면이 엿보인다. 바로 대중문화의 얼굴 없는 소비자로만 그치는 것이 아닌, 대중문화와 지적 산물에 적극 참여하는 개인으로서의 인터넷 사용자들이다.

미국의 작가이자 시사 잡지 〈애틀랜틱Atlantic〉의 편집자인 알렉시스 마드리걸Alexis Madrigal은 2010년 9월 호에 게재한 글에서 트위터에 대해, '그 안에서 내가 알고리즘인, 일종의 인간 추천엔진'•••이라고 말했다. 나는 소셜미디어가 인터넷의 역학을 극적이고 빠르게 변모시킨 원인에 대해 이 글만큼 시사적인 해석을 본 적이 없다. 이 해석이야말로 알고리즘만으로는 충족될 수 없는 어떤 필요에 대한 해답을 제시해주고 있기 때문이다.

우리는 세상 속에서 개인 고유의 권위에 의거해 다른 사람과 이야기하고 다른 사람들의 이야기를 들어줄 기회가 필요하다. 오늘날 우리는 누구나 방송인이고 해설자이다. 또한 일기 작가, 라디오 진행자, 비평가, 위로하는 자, 관음증 환자이자 자기 나름의 시사평론가이기도 하다. 그렇다면 중요한 문제는, 우리가 어떻게 이런 역할을 잘 수행할 수 있을지 자문해보는 것이다. 어떻게 해야 공유의 문화에 도움이 될까? 잘 살아남는 것과 결부된 보편적 가치가 질식당하기보다 잘 자랄 수 있을 만한 문화를 위해서는 무엇이 필요할까? 또한 양적 차이만이 아니라 질적 차이에 대해서도 말하고 싶은 이들에게는 어떤 여지가 있을까?

이런 질문을 가장 잘 설명할 수 있는 해답은 뭘까? 지금껏 우리에게 비판적 담론을 유도해왔던 그런 원칙들을 지금의 21세기에도 재적용할 수 있느냐의 여부는 중요하다. 즉, 권위 자체에 대한 존중이 아니라 정직한 주장, 뚜렷한 자의식, 배움에 대한 진심 어린 열망의 원칙들을 존중하느냐 마느냐 여부에 달려 있다.

　이런 공유의 역학이 최근 한 음울한 사건을 둘러싸고 어떻게 펼쳐졌는지 생각해보라. 미국의 한 남자가 조지아 주에서 살인죄로 독극물 주사에 의한 사형을 선고 받았다. 그렇게 해서 2011년 9월 21일, 당시 42세이던 트로이 데이비스Troy Davis는 22년 전에 저지른 죄(1989년 8월에 조지아 주 사바나에서 경찰관을 살해한 죄)로 사형을 당했다.
　살인사건이 일어나고 처형이 실행되기까지 10년이 두 번 지나는 동안 데이비스는 꿋꿋이 무죄를 주장했고, 인권단체에서부터 유명인사와 정치 지도자들에 이르기까지 점점 더 많은 사람들이 그의 무죄를 지지했다. 살인에 사용된 무기가 발견되지 않은 점, 9명의 검찰측 증인 중 7명이 나중에 증언을 철회한 사실, 경찰의 강압이 있었다는 주장, 데이비스에게 불리한 증언을 한 결정적 증인이 살인자일 가능성 등에 의거해 사건에 대한 논란이 불거지기도 했다.
　데이비스의 사형집행은 세 차례 연기되었지만 모든 탄원과 항소는 끝끝내 인정받지 못했다. 하지만 데이비스의 막다른 삶을 지켜보는 세상 사람들의 태도는 여전히 변함이 없었다. 마지막 항소와 대법원

상소에서부터, 60만 명 이상이 서명한 구명 탄원, 교황과 전 FBI 국장의 호소에 이르기까지, 삶의 마지막 순간을 앞둔 데이비스에 관해 TV 뉴스전문채널 보도뿐만 아니라 전 세계적인 분노, 반대, 비통함이 분출되었다.

나는 런던의 내 책상에 앉아서 그와 관련된 소식들을 기사로 읽는 것보다도 훨씬 빠르게 트위터를 통해 눈으로 훑었다. 트위터 가입자 수십만 명이 수백만 개의 의견을 올렸는데, 그들은 영국의 작가 살만 루시디("오늘 밤 미국이 조금 더 추악해 보인다."), 배우 알렉 볼드윈("미국의 사형제도는 전 세계의 수많은 눈들 앞에서 우리 자신을 낯부끄럽게 만들고 있다.") 같은 유명인에서부터 책을 내거나 영화를 찍어본 적 없는 평범한 시민에 이르기까지 다양한 사람들이었다. 하지만 그들은 한 목소리로 의견을 내고 있었다.

작가 앤드루 오헤이건Andrew O'Hagan은 그다음 주 〈런던 리뷰 오브 북스 London Review of Books〉에 이런 글을 실었다. "추모자들이 곧 기자들이다. (…) 이것은 오늘날의 뉴스가 어떤 식으로 일어나는지를 보여준다. 사건과 사건에 대한 반응 사이에, 행위와 말, 그리고 그 말이 퍼지는 과정 사이에 지체라는 것은 없다." 불협화음에도 불구하고 스크린상에서 내 눈에 비친 것은 지리멸렬함이나 무법적인 군중의 모습이 아니었다. 오히려 세상이 스스로 생각하는 듯했고, 나에게 존경과 신뢰를 불러일으키는 사람들의 렌즈를 통해 여과되어 보여주고 있는 듯했다.

나는 잇따라 올라오는 트위터 논평뿐만 아니라, 지난 2년 동안 개인적으로 팔로우하게 된 100여 명의 사람들이 걸어놓은 링크와 추천에도 들어가 보았다. 그중엔 친구와 동료 들도 있었고 작가, 판사, 예술가, 기업가, 의사, 교사 들도 있었다. 링크와 추천은 블로그와 신문 기사, 일련의 사진과 토론과 논평들, 공개토론이나 탄원이나 사회운동가 사이트 등으로 끊임없이 연결되었다. 사건의 파장은 다양했지만 서로 일맥상통했다. 나는 내가 신뢰하는 사람들의 인도에 따라 그 논쟁이 파문을 일으키며 널리 퍼져나가는 것을 따라가며 살펴보았고, 나 역시 그중에서도 특히 좋은 내용들은 내 팔로워들에게도 리트윗했다.

이런 트위터상에서는 마지막 맺음말 따위는 없었고, 전통적 뉴스의 사건 보도처럼 깔끔한 마무리멘트 같은 것도 없었다. 그러기는커녕 그다음 달에 트위터에서 해시태그(hashtag, 트위터에 주제어 달기) #TroyDavis로 다시 들어가 봤더니 1분쯤 간격으로 여전히 업데이트가 올라오고 있었다. 그런 식으로 라이브 사건이라기보다는 수천 가지 방식으로 계속 '생명이 이어져 가는' 사건이 되어 있었다. 그리고 그 사건은 그런 방식으로 전 세계에 걸쳐 개개인들 삶의 일부가 되어 있었다. 트위터상에 올라오는 그의 장례식에서의 발언들, 예전의 주장과 불만과 논쟁들, 무례하고 거친 비방, 며칠 전이나 몇 달 전의 논평 중 특히 마음을 울렸던 말들에 대한 공감 의견들을 통해서 그렇게 계속.

대중의 이런 명백한 의사표현의 영향력에 대해, 소문과 반쪽짜리 진실, 그리고 특수이익집단에 의해 지배될 수밖에 없는 운명이라고 주장하는 이들도 있다. 미국의 작가이자 학자인 캐스 선스타인Cass Sunstein의 말을 빌자면, 대중의 공유의 미래는 같은 의견을 가진 사람들이 자신들의 믿음과 선입관을 강화시키는 '반향실'⋯⋯이 될 공산이 크다는 것이다.

이런 주장들은 디지털 문화가 지닌 영합하는 속성, 무관심한 속성으로 인해 진실과 탁월성을 묻어버릴 가능성이 있다는 앤드루 킨의 비판을 되풀이하며, 이 경고를 주의 깊게 새겨들어야 한다고 강조한다. 하지만 그 경고가 전적으로 진실이라고 주장한다면, 그것은 너무 비관적이고 수동적인 견해인 것 같다. 뿐만 아니라, 아주 거대한 온라인 집단 속에서조차 여전히 남아 있는 개인의 힘에 대해 잘못 해석하는 것일지도 모른다.

권위에 대한 부분, 그리고 통계적 분석보다는 비판적 통찰에 의해 매겨지던 탁월성 개념에 대한 부분은, 정보통제자들이 대중의 기호를 보호하고 형성하던 디지털 시대 이전으로 되돌아갈 수 없다. 하지만 우리는 검색엔진과 집단의 조직체 바깥으로부터 점진적으로 과거에 존재했던 통찰력을 찾아내고 전파할 수 있다. 이는 사소한 사건들뿐만 아니라 다수의 사람들도 열광하게 만드는 의미심장한 가치들의 증거까지도 공유함으로써 가능해질 것이다.

더욱이 잘 살아남는 문제에 관해서는 이미 충분히 증명되었다시피 디지털 영토는 모든 계층에게 보고寶庫와도 같은 곳이다. 물론 지금은 구시대적 전문가나 미디어 제작 측면에선 힘겨운 시대일 수도 있다. 그러나 열정적인 아마추어나 떠오르는 인재, 그 누구를 가릴 것 없이 그 어느 시대보다 기회가 많다. 비록 확실성이 희박할지라도 말이다.

가령 2011년에 일명 언바운드 북스Unbound Books라는 이름으로 시작한 한 모임을 예로 살펴보자. 이것은 작가들이 책을 읽는 대중에게 직접 자신들의 집필 구상을 이야기하는 플랫폼을 마련해주려는 새로운 시도로, 18세기의 예약출판***** 모델과 흡사한 착상이다. 즉, 언바운드 북스의 작가들은 자신이 내놓은 집필 구상에 감흥을 받아 지지를 약속한 독자가 특정 수에 이르게 되면, 책을 써서 펴낼 수 있게 된다. 책은 언바운드 북스에서 제작하여 직접 독자에게 보내준다.

이것은 미미한 예일 뿐이지만 그 상징성은 각별하다. 즉, 디지털 대중을 무질서한 군중으로 치부하고 마는 것이 아닌 뛰어난 능력이 있는 존재로 믿어주는 행위인 셈이다. 이런 믿음을 일찌감치 알아봤던 노암 촘스키Noam Chomsk의 말 그대로, "그 의미는 매우 실질적일 수 있다." 특히 이런 방식의 체계가 앞으로 도래할 새로운 비즈니스의 모습이며, 수익구조가 품질을 저해하거나 방해하지 않는 비즈니스 모델이라면 특히 더더욱 의미가 있다.

이런 방식의 공유와 문화적 투자의 행위에서 중요한 덕목은 신뢰와 존중이다. 두 덕목은 곧 공유의 시대에서의 권위 획득의 토대이다. 400년도 더 전에 셰익스피어의 《헨리 4세》 속의 핫스퍼Hotspur가 이미 알고 있었듯, 덕망 있는 사람의 말 한 마디가 보증서와 다름없는 시대에서는 평판이 아주 중요하다. 그런데 그 이후 수 세기에 걸쳐 기업가 기질이 다분한 작가들이 주도면밀하게 대중의 비위를 맞추며 고급과 저급의 문학문화를 동급으로 확립시키는 데 일조했다.

그리고 오늘날, 우리는 평판의 가치에 대한 교훈을 다시 한 번 배우고 있다. 세계는 그 어느 시대보다 전문가들로 넘쳐난다. 하지만 그 수많은 전문가와 그들의 추종자들은, 탁월성 자체를 강조하는 비즈니스 세계에서 과거와는 달리 서로 대등해져 있다. 즉, 어떤 단체나 지위에 의해 부여된 권위는 믿지 못하고, 서로의 신뢰에 의지하면서 논쟁의 장에서 획득된 권위를 믿는 경향이 강해지고 있다.

경제적으로 보나 사회적으로 보나, 지금은 예전과 똑같은 방식으로 문화에 관심을 갖기에는 빈약한 시대이다. 하지만 지금은 그 어느 시대보다도 분별의 능력이 필요한 시점이라는 점을 명심해야 한다. 그리고 이 시대가 주는 혜택에 길들여지는 것이 아닌, 서로 함께 분별할 수 있는 습관을 길러야 한다.

•데이터 처리 1단위로 취급하는 일련의 기록.

••인터넷의 발달로 온라인 시장이 크게 부상하면서 등장한 이론. 기존 마케팅용어인 파레토법칙(상위 20%의 우수고객이 전체매출의 80%를 발생시킨다)을 뒤엎는 현상으로 조금은 등한시되었던 80%의 소액고객이 상위 20% 우수고객의 매출을 상회하는 현상을 지칭함. 온라인 업체들이 오프라인에서 주목받지 못했던 소액고객을 대상으로 하는 판매전략으로써, 대표적인 예가 온라인 서점 아마존이다. 아마존의 주 수익원은 20%의 베스트셀러보다 동네 서점에서 구하기 힘들고 소수의 사람들이 구입하는 80%의 책들에서 나온다.

•••웹사이트 활동 패턴을 분석해 방문자에게 추천상품 등을 골라내 제시하는 기능.

••••방송에서 연출상 필요한 에코 효과를 만들어내는 방.

•••••간행에 앞서 구독자를 모집하고, 그 예약 신청자만을 대상으로 서적을 출판하는 일. 18세기에 들어 대형 세트 판매의 예약출판이 행해지게 되었는데, 1768년에 간행된 《브리태니커 백과사전》이 그 최초의 예였다.

How to Thrive
in the Digital Age
Tom Chatfield

**THE
SCHOOL
OF LIFE**

인간으로서의 격을 상실해가다
On Becoming Less than Human

Part 6

성욕이 지배하는 신세계

"포르노는 픽션 중에서도 가장 정치적이다. 우리가 어떻게 서로를 더없이 집요하고도 무자비하게 이용하고 착취하는지 측면에서 보면 말이다." J. G. 발라드 J. G. Ballard가 1973년작 소설 《크래쉬 Crash》의 머리말에 쓴 글이다. 그는 이런 착취를 기술과 노골적으로 결부시키면서 자신이 쓴 소설들 중 가장 충격적인 이 소설을 통해 하나의 의문을 던졌다. 이 의문은 그 후로 40년이 넘는 세월이 흘렀음에도 오히려 지금 우리에게 더 예리하게 와 닿는다. "자동차 충돌 사고를 통해, 우리는 기술과 우리 자신의 성욕과 악몽 같은 결합에 대한 불길한 징

조를 보는 것은 아닐까? (…) 여기에서는 일탈적 논리가 이성에 의해 규정된 논리보다 더 강한 힘을 행사하며 전개되는 게 아닐까?"

기술과의 동거를 설명하기 위해서는 성욕을 이야기하지 않고 넘어갈 수가 없다. 그리고 기술과 성욕의 융합에 대한 '일탈적 논리'를 탐구하기 위해서는, 오늘날 디지털 네트워크상에서 어마어마한 물량으로 범람하는 포르노를 빼놓을 수 없다.

대중의 생각과는 달리 '섹스'는 인터넷에서 가장 많이 입력되는 검색어가 아니다. 구글에서 '섹스'와 관련된 검색어를 입력하면 15억 개에 육박하는 검색결과가 뜬다. 이 정도면 대다수의 질문이 해결될 만하지만, 70억 개가 넘는 '사랑' 연관 검색결과에 비하면 3분의 1에도 못 미친다. 하지만 여기에서 말하고자 하는 요점은 이용 가능한 자료의 양이 아니라 접근의 용이성이다. 온라인에서는 검색과 클릭 한 번이면 쉽게 포르노를 접할 수 있다. 한때는 금기였던 것이, 그래서 전문 판매업자를 찾아가야 했고 나이에 따른 접근 제한도 있었던 것이, 이제는 평범한 것이 되었다. 보고 싶으면 얼마든지 포르노를 구해 볼 수 있다. 그것도 그 즉시, 익명으로, 금전이나 감정적 대가 없이 말이다. 게다가 포르노를 인터넷 서비스 중 하나일 뿐이라는 맥락에서 볼 때, 포르노 역시 디지털 영토에 존재하는 다른 모든 것과 별다를 바가 없다.

　포르노는 인터넷의 영향으로 그 자체가 변했다. 우선, 옛날에는 그래도 순진함이나 부끄러움 같은 것이 남아 있었지만 요즘의 포르노는 아니다. 다른 오락산업들과 마찬가지로 포르노도 이제는 같은 포르노끼리나 다른 부문들과 경쟁을 벌이고 있다. 말하자면 이 민망할 만큼 저속한 비즈니스는 전반적으로 더 저급하고 추잡해졌으며 전작을 넘어서는 후속을 내는 방면으로 점점 더 기발해졌다. 또한 소비와 참여의 구분이나, 연출과 실제의 구분이 더 모호해졌다.
　온라인에서는 어떤 생각이든 클릭 한 번이면 웬만한 건 뚝딱 해결될 뿐만 아니라, 어떠한 경우든 외톨이가 될 일도 없다. 취향이 아무리 별나거나 비정상적이거나 자유분방하더라도, 심지어 불법적이더라도, 온라인 공간에서는 같은 취향의 사람들이 존재하기 마련이다. 그것도 조언과 의견교환, 정모의 장이 마련되어 있고 필요에 따라 별도의 보안체계도 갖추어진 환경에서 말이다. 세상에 원하는 것을 밝히면, 그리고 세상 속에 그것을 제공해주고 싶어 하는 누군가가 있다면, 대개는 온라인 기술이 그 사람들을 연결시켜준다.
　세계에서 가장 성공한 온라인 지역생활정보 사이트인 크레이그리스트Craigslist의 '개인소식란personals' 섹션을 생각해보자. 현재 이 섹션은 9가지 취향으로 나뉘어 있다. 플라토닉 연애, 여자가 여자친구 구함, 여자가 남자친구 구함, 남자가 여자친구 구함, 남자가 남자친구 구함, 기타의 로맨스, 가벼운 만남, '안타까운 인연'(가까이에 있지만 이어지지 못하고 있어 그로부터의 관심이 절실한 이들을 위한 공간), '야단과 극찬'(칭찬과 욕이 필요한 이들을 위한 공간)이다.

이런 현실적이고 포괄적인 카테고리에서 알 수 있다시피, 사실상 합법적이고 상상 가능한 모든 것이 제공되는 셈이다. 사이트는 신변안전을 지키는 방법, 사기나 거짓말을 피하는 데 도움이 될 만한 조언, 미성년자 이용제한 소프트웨어를 구하는 요령에 대한 정보를 제공하는 측면에서도 탁월하며, 성매매 및 부정거래를 금하는 정책도 두고 있다. 하지만 이뿐만이 아니다. 구속 없이 마음껏 이용할 수도 있다. 누구나 자신의 기호에 맞는 카테고리를 클릭하면, 그 지역의 사람들이 자신에게 무엇이 필요하다고 알리거나, 어떠어떠한 것을 해줄 용의가 있다고 알리는 광고 목록들을 시간순으로 쭉 훑어볼 수 있다.

내가 사는 런던의 경우, 크레이그리스트 개인소식란에 날마다 새로 올라오는 광고들을 보면 보통 가벼운 만남을 원하는 건이 900여

건, 남자친구를 구하는 남자가 200건, 여자친구를 구하는 남자가 100건, 남자친구를 구하는 여자가 50건, 그 외가 2~25건 정도 된다. 거의 모든 광고가 보는 사람의 관점에 따라 기가 차거나, 속이 후련할 만큼 솔직하다. '내 버릇을 망쳐놓을 정도로 돈을 펑펑 쓸 만한 능력이 안 되면 연락 사절', '화요일 아침에 시간이 되는 매력남이신가요? 그럼 먼저 이메일로 사진과 주소부터 보내주기 바람. 안 그러면 응할 마음 없음.'처럼 말이다. 게다가 마우스 클릭과 이메일 한 통이면 거의 예외 없이 일이 성사된다.

시골 지방의 경우엔 이런 광고 건수가 상대적으로 적어서 매주 몇 건에 불과하다. 어쩌면 절실히 원하는 상대를 구하거나 그런 욕구를 채워주고 싶은 사람들에게는 '세계 최대의 온라인 성인 프리섹스 커뮤니티' 어덜트프랜드파인더Adult Friend Finder 같은 더 특화된 사이트가 필요할지 모른다. 이 거창한 수식어가 '커뮤니티'라는 말의 신뢰성을 높여줄 수도 있겠지만, 공통된 관심사의 순수성이 위기에 몰려 있음은 더없이 확실하다. 다른 모든 것도 대부분 그러하듯, 유비쿼터스 기술의 시대에서는 디지털 섹스가 단순히 눈요기만을 의미하진 않는다. 상대를 구하고, 접속하고, 자신이 혼자가 아님을 확인하는 것이기도 하다. 혹은 인터넷에 접속해 있는 한 더 이상 혼자라는 사실에

'어덜트프랜드파인더'에 들어가면
이런 사진은 그다지 어렵지 않게
접할 수 있다.

따분해할 필요가 없어진 셈이기도 하다.

뿐만 아니라 원하는 순간, 원하는 것을 바로 얻는 것을 의미하기도 한다. 혹시, 조건이나 제약 없이, 결혼생활을 파탄 낼 위험도 없이, 선택의 자유가 보장된 상태에서의 불륜을 꿈꾸는가? '영국 최대의, 기혼자들을 위한 만남주선 사이트' 부정한 만남 Illicit Encounters에서 마음이 맞는 간통 희망자를 찾으면 된다. 이 사이트에선 들키지 않고 바람피우는 요령에 대한 조언까지 완비되어 있다. 당신보다 몸무게가 세 배는 되는 털 많은 남자와 사귀는 상상을 하는가? 그렇다면 거기에 맞는 사이트들도 있다. 검색엔진에서의 키워드는 'bear'이다.

포르노와 섹스의 경쟁력

사람들이 원하는 것을 얻도록 돕는 것은 크게 칭송받아 마땅한 일이다. 그것이 반드시 그들에게 필요한 것이 아닐 수도 있다는 의혹이 생기는 경우라 해도 말이다. 하지만 그 과정에서 두 가지 우려를 낳고 있다.

첫째, 사람들이 타인에 의해 해를 당할 가능성이다. 이런 가능성은 두려움을 유발하는 동시에 확실히 도덕적인 측면에서 해가 될 소지가 다분하다. 약점을 이용하는 것에서부터 부정한 어떤 것의 거래에 이르기까지, 디지털상에서 원거리, 익명, 은폐가 서로 조합되면 독이 될 수 있다. 특히 성폭행, 부정하고 불법적인 형태의 포르노는 디지털 네트워크의 어두운 면 중 하나일 뿐이지만, 헤드라인 뉴스감이 될 만큼 아주 위험하고 우려스러운 현상들이어서 법으로 금지되고 경계되어야 한다. 하지만 도리어 기술로 인해 더욱 자극되고 조장되고 있는 것이 현실이다.

이런 식의 악용들은 끔찍하긴 하지만 비교적 드문 편이다. 그러나 두 번째 우려는 더 만연되어 있는 데다 도덕적으로도 모호하다. 즉, 수많은 사람들이 착취적이고 저급한 데다 중독의 위험성마저 있는 디지털 행위를 거리낌 없이 쉽게 이용한 덕분에 삶의 질에 큰 피해를 입을지도 모른다는 것이다.

이 경우에 성욕은 더 크고 더 모호한 두려움을 상징한다. 다시 말해 스크린상에서의 우리의 능력, 즉 서로를 사물화시키고, 감수성을 형편없이 떨어뜨리고, 보다 전인적인 관계가 가져다주는 모험과 보상을 등한시하게 되는, 그런 두려움 말이다. 2010년에 〈뉴아틀란티스The New Atlantis〉지의 한 기사에서 영국의 철학자 로저 스크러턴Roger Scruton은 이렇게 '스크린 뒤로 숨는' 과정에 대해 인상 깊은 묘사를 했다. "소외의 과정이며, 그 속에서 사람들은 삶을 장난감 다루듯 하며 완벽한 통제력을 얻게 된다. 하지만 그 통제력은 어떻게 보면 아주 허울 좋은 것에 지나지 않는다." 스크러턴은 모든 디지털 상호작용에서 그런 부작용이 수반되는 것은 아니라고 인정했으나, 경계해야 할 것이 있다고 덧붙이기도 했다. '그 특유의 모험, 갈등, 책임을 떠안게 마련인 (…) 인간관계의 세계'로부터 스스로를 격리시키면 자칫 전인적 인간으로 살아갈 자유가 손상될지도 모른다고 말이다.

확실히, 쉽고 즉각적인 욕구충족은 사람을 도취시키는 위험성을 품고 있다. 하지만 우리의 저속한 욕망을 채우기 위해서 디지털 문화에 접근하는 것은 소용없는 일이다. 가령, 일반적이고 성실한 관계 맺기가 가벼운 섹스상대로서의 관계 맺기와는 반대 입장이라 할지라도, 현재 온라인 데이트 사업이 디지털 프리섹스와는 비교가 안 될 만큼 더 인기가 있다는 사실 따위는 별 의미가 없다. 왜냐하면 온라인 데이트나 디지털 프리섹스 모두 전에는 상상할 수 없던 넓은 선택의 폭과 상대적으로 적은 자기노출이 이용자들의 동기 요인이기 십상이기 때문이다. 더군다나 모든 사람들이 매치닷컴match.com 같은 온라인 데이트 사이트에 프로필을 자세히 올려놓지 않는다는 것은 그러는 편이 즉각적인 욕구충족에 유리해서이기 때문이다. 프로필을 자세히 적을 바엔 그런 곳 말고 성인 사이트 어덜트프랜드파인더닷컴에 가서 죽치고 있는 편이 낫다고 여길 것이다.

온라인 데이트와 디지털 프리섹스 사이에서 모호한 편인 중도의 경우도 찾을 수 있다. 러시아의 챗룰렛Chatroulette 서비스가 그 좋은 예이다. 챗룰렛은 2009년 11월에 창설된 일종의 소셜미디어판 러시안룰렛으로, 웹캠과 마이크를 통해 무작위로 연결된 사람과 실시간으로 대화를 나누는 랜덤 채팅 사이트다. 이 사이트에 들어가 클릭을 하면 화면 창에 어느 낯선 방이 비쳐지고, 당신에게 카메라와 마이크가 있다면 그와 동시에 당신의 모습도 상대방의 화면에 뜨게 된다. 보통 상대방과 연결되는 데 걸리는 시간은 1분도 채 걸리지 않고, '다음' 버튼이 제공되는 덕분에 그 상대가 마음에 들지 않으면 곧바로 또 다시 룰렛을 돌릴 수 있다.

충분히 예상되는 뻔한 얘기지만 노출증과 관음증 발휘에 제격인 서비스라면 옷 벗는 일이 흔하기 마련이다. 2010년 초의 추산치를 기준으로 보면, '불쾌한' 경우에 드는 채팅은 8건 당 1건이나 되었다. 하지만 다소 예상외의 현상도 나타났다. 이 서비스가 솔직한 대화에서부터 라이브 음악 공연, 웹 스터디, 유명인 출현에 이르기까지 다양하게 이용되면서, 그에 따라 점차 효과적인 방법으로 노골적 행위에 탐닉하는 사람들을 막아내게 되었다. 나는 조사차 직접 사이트에 들어가 세계 여러 곳의 젊은이 10여 명과 채팅을 나눠본 적이 있었는데(이중에는 방 안에 떼로 모여 있던 이집트 학생, 알제리의 십대, 무례한 미국인, 쩔쩔매는 모습이 귀엽던 독일인도 있었다), 음탕한 사람에게 걸렸던 경우는 딱 두 번뿐이었다(두 사람은 같은 터키인이었지만 서로 모르는 사이가 분명해 보였다).

이런 패턴은 디지털 역사상의 '포르노의 격동'을 돌아볼 때 흥미로운 요소이다. 1990년대 초, 인터넷과 웹이 처음 유료 서비스로 대중에게 공개되었을 때 이 새로운 공간에서 오가는 이야기가 섹스와 포르노에 관한 주제로 인해 골치 아파지는 일이 비일비재했다. 온라인에 접속해 대화를 나누다 보면 전 세계의 무한한 디지털 병기고에서 날아오는 음담패설의 포격을 받지 않기란 힘든 일이었다.

그로부터 30년이 흘렀으나 아직 에로틱의 도가 파국으로 치달지는 않았다. 사실, 더 눈에 띄는 대목은 따로 있다. 이제는 왠지 수상쩍은 낌새가 풍기는 정도라면 모를까 그 선을 넘어서는 음란내용물과 마주칠 걱정 없이 온갖 디지털 서비스를 이용하기가 훨씬 쉬워졌다는 것이다. 브라우저나 검색엔진을 어떤 식으로든 '섹스' 쪽으로 몰고 가면 순식간에 화면은 포르노 관련 광고, 유혹, 이미지 들로 넘쳐난다. 하지만 굳이 그러지 않는다면, 또 이용자가 웹 세상에 때 묻지 않은 경우라면 다행히 그런 추잡한 것들은 게토˚의 담장 안에 가둔 채 밖으로 나오지 못하게 할 수 있다. 섹스와 포르노가 온라인 이용자들의 시간과 관심을 더 끌기 위해 다른 컨텐츠들과 경쟁하고 있다고 해도, 안됐지만 그 경쟁에서 압승을 거둬본 적은 없다.

압승하기는커녕, 사실상 그 반대이다. 인터넷 역사상 옛날 옛적이던 1993년에, IT 전문지 〈와이어드〉가 섹스를 '신기술을 맨 처음 감염시킨 바이러스'라고 과감히 꼬집었다. 그러곤 이어서 주장하길, 미디어가 차츰 더 대중화되고 성숙하면서 처녀지이던 디지털 풍경에 삽시간에 퍼졌던 섹스는 결국엔 경쟁력을 잃게 될 것이라 말했다.

디지털 서비스와 웹사이트를 살펴보면, 이런 주장은 점점 사실로 입증되어왔다. 2011년 10월 기준, 사이트별 트래픽 조사회사인 알렉사Alexa의 순위에 의거할 때 공식적으로 섹스와 포르노는 세계인의 흥미를 끄는 면에서 아마존, 위키피디아, IMDb** 외에 검색엔진에서부터 소셜네트워킹에 이르는 수십 개의 타 서비스들에게 꿀리고 있었다. 그것도 그 격차가 크게 벌어져서, 글로벌 랭킹 탑 50위권 안에 든 성 관련 사이트는 달랑 하나뿐이었고 그나마도 44위에 그쳐 있었다. 알렉사의 보고서에 따르면, 일명 라이브자스민LiveJasmin이라는 이 사이트는 '주로 18~24세 연령의, 자식 없는 남자들이 집에서 접속한' 것으로 나타났다. 100위권 내에서도 '성인' 사이트는 채 10개도 안 된다. 구글 인사이트***의 분석을 통해 2004~2011년 사이에 '섹스'와 '포르노'에 대한 세계인들의 검색 흥미도를 살펴보더라도 마찬가지다. 두 검색어가 '책'에서부터 '음악'과 '영화'에 이르는 검색어들을 제치긴 했으나 '구글', '페이스북', '유튜브', '야후' 같은 검색어에는 뒤처지며 체면을 구기는 추세다. 우리 대다수가 그렇듯 인터넷 세상도 눈이 뒤집힐 만큼 섹스에 큰 관심이 있는 것은 아닌 모양이다.

    포르노와 음란물 대다수가 웹의 주류에서 빠져나와 개인 네트워크로 옮겨간 것이 그 한 원인이다. 즉, 파일 공유를 희망하는 사람들끼리 직접 나서서 조심스럽게 네트워크를 구축하고 있기 때문이다. 하지만 시간이 흐르는 사이에 우리가 기술에게, 그리고 서로에게 그 이상의 것을 바랄 줄 알게 된 것 역시 또 하나의 원인이다. 또한 세상에 점점 큰 영향력을 발휘하고 있는 디지털 '커뮤니티'들이 서로를 이용하는 것 이상의 가치에 바탕을 두고 있기 때문이기도 한 것이다.

가장 인간적인 것들을 포기하고 말 것인가?

이번엔 이메일과 비교해보자. 내 메일의 스팸보관함을 열어봤더니 지난 한 주 동안 주인장의 허락도 없이 들어온 메일이 300여 통이나 쌓여 있었는데, 이제 이런 일은 흔하디흔한 일상이다. 어쨌든 스팸보관함에는 정력을 높여준다는 꼬드김, 전자제품 할인 안내, 신용카드 발급 및 안티에이징 제품 선전, 미화 대출 광고, 성관계 파트너가 필요하면 연락하라는 메시지 등이 보였고, 심지어 황당하게도 '당신의 치과의사에 대한 중요한 정보'까지 들어와 있었다. 내 이메일 계정이 전 세계의 쓰레기와 쓰잘머리 없는 잡동사니의 수동적인 저장고가 되어버린 셈이다. 이런 탓에 매년 전 세계적으로 나나 다른 사람들

모두에게 발송되는 수천억 통의 이메일 중 스팸메일이 80% 이상을 차지하는 것으로 추산되고 있다.

이런 포격은 디지털 시대 초기에 비관론자들이 예언했던 그대로이다. 하지만 그 비관논리도 내가 수동적 수용자가 아니라 정보를 적극적으로, 그리고 쌍방향으로 활용하는 순간 와르르 무너져버린다. 내가 이따금씩 포르노 사이트를 방문한다 하더라도, 디지털 미디어에서 포르노는 기껏해야 유용성 면으로나 흥미 면에서 밑천이 딸리기 십상이다.

사실, 내용상이나 경험상으로 대다수의 포르노는 온라인상에서의 적극적 관심을 끌기 위한 경쟁에서 무기력한 게 당연할 만큼 따분하다. 이것저것 둘러보다 선택하고 사용한 후에는 버리고 마는 그런 것일 뿐이다. 우리 자신이나 다른 사람들에 대해 뭔가를 알게 해주거나, 우리가 미처 모르던 뭔가를 깨우쳐주는 것과는 거리가 멀고, 단지 기호의 수준에서 기계적으로 흥미를 갖게 될 만한 그런 것일 뿐이다. 그 자체로 상투적인 반복이 되풀이되는 빈약한 세계이다. 솔직히 터놓고 말하면 거의 모두가 방문해본 경험은 있겠지만, 그곳에서 필요 이상의 시간이나 힘을 쓰고 싶지는 않은 게토와 같은 곳.

게토의 비유는 여러 가지로 유용하다. 게토에 비유하면 온라인 행동의 본질에 대해서나, 그 행동과 스스로를 통제하기 위한 최선의 노력과 관련된 더 폭넓은 시사점을 제시해주기 때문이다. 2003년에 캘리포니아에서 열린 TED 컨퍼런스****에서 과학전문 저자 스티븐 존슨도 연설에서 월드와이드웹은 그 자체가 도시와 같다는 의견을 피력한 바 있다. 말하자면 도시처럼 '수많은 사람들에 의해 건설되고 그 누구에 의해서도 완벽히 통제되지 않으며 서로 복잡하게 연결되어 있지만 수많은 독립 부품처럼 작동하는' 존재라는 것이다.

존슨의 예시는 우리가 서로에게서 최대의 성과를 이끌어내는 동시에, 이 새로운 세상의 효과적 치안을 위해 유익한 작용을 할 수 있는 틀을 제시해준다. 지금 세상은 중앙통제로도, 아무리 강도 높은 전국민 교육으로도 제어될 수 없다. 하지만 지금의 이 신세계는 부분적으로 중첩되는 형태의 수많은 커뮤니티의 기능에 그 번영이 달려 있다.

현대적 의미의 경찰치안 개념은 16세기와 17세기에 처음 등장했다. 국가로부터 급여를 받고 법을 집행하지만 일반적으로 민중을 위해 일하고, 또 주민과의 협력을 통해 활동하는 기능을 지니고 있다. 이는 법, 공중보건, 행복을 똑같이 중시하는 도시들을 확장시키기 위한 도전의 맥락에서 생겨난 것이었다. 이때 적법하고 효과적인 경찰력을 위해선 지역 커뮤니티들과의 협력이 반드시 필요했고, 그런 경찰력의 도출에 지역 커뮤니티들이 어느 정도의 역할을 담당했다.

앞에서도 얘기했다시피, 온라인 행동의 가장 심각한 위험은 소수자들에 대한 학대를 부추기는 동시에 다수자들을 천박하게 전락시킬 잠재성으로부터 비롯된다. 이것은 성과 성욕만이 아니라 남을 깎아내리고 이용하고 모욕하며 그 과정에서 쾌감을 얻으려는 모든 행동들에 이르기까지, 정말 심각한 위험이다. 이런 위험으로부터 우리 자신과 사회를 보호하기 위한 최선의 디지털 모델은 이것이다. 바로, 도시의 효과적 치안 모델을 그대로 따르면서, 더 나아가 구성원들이 내부에서 강요된 외부기준에 따라 서로를 배려해주는 커뮤니티의 정신을 갖는 것.

2007년 미국의 유명한 출판업자이자 블로거이자 자유 소프트웨어 운동······의 전도사인 팀 오라일리Tim O'Reilly는 전 세계의 수많은 디지털 커뮤니티 구성원들에게 피해를 입히는 학대와 부정행위의 문제들을 지켜보다가 7가지 '블로거 행동강령'을 제안하면서, 그 착상에 존슨과 같이 도시의 비유를 끌어들였다.

행동강령 첫 번째에서 여섯 번째까지의 항목은 블로거의 책임에

초점을 맞추어, 자신의 웹사이트상에 오르는 내용물, 익명 댓글의 문제, 학대와 협박의 빌미가 될 만한 것들의 처리법에 대한 책임을 강조하는 내용이었다. 그러나 일곱 번째 강령은 좀 더 일반적인 사항으로, 지금까지 훌륭한 '네티켓'이 뭔지를 한 문장으로 이렇게 기가 막히게 정의한 글도 없다. "직접 마주보고 하지 못할 말이라면 온라인에서도 하지 말라."

오라일리는 디지털 상호작용에서의 예의에 대한 지침과 더불어 '예의바름civility'의 엄밀한 어원상의 의미도 함께 제시하며, 행동강령 제안 이후에 자신의 블로그에 다음과 같은 글을 올리기도 했다. "나는 예의가 전염되는 것이듯, 무례도 전염된다고 믿는다. 그냥 너그럽게 봐주면 무례는 더 악화될 뿐이다. 대도시에 하나의 커뮤니티만 있는 것이 아니듯, 블로그 커뮤니티도 하나만이 아니다. (…) civil(예의바른)이 civilization(문명)의 첫 두 음절이기도 한 것은 그저 우연이 아니다."

사람들을 '직접' 마주하고 있는 것처럼 대한다는 것은 설득력 있는 개념이다. 온라인상의 사물화 가운데 포르노만큼이나 해로운 것을 하나 꼽자면, 바로 사이버 협박이다. 단순한 언어적 학대에서부터 여러 사이트와 서비스에 걸쳐, 그리고 근무시간과 여가시간을 가리지 않는 상습적 괴롭힘에 이르기까지 이 모든 것이 사이버 협박이다.

미국의 심리학자이자 MIT 교수 셰리 터클Sherry Turkle이 2011년에 펴낸《외로워지는 사람들》을 보면 일부 청소년들의 삶이 그런 행위로 의해 얼마나 심각하게 피해를 입고 있는지 잘 나타나 있다. 그녀와 인터뷰를 했던 제크라는 이름의 남학생 이야기는 특히 인상적이다. 그 학생은 잡지에서 스캔한 사진으로 마이스페이스MySpace에 가상의 프로필들을 만들어놓고는, 그 가상 신분을 이용해 친구들과 자기 자신에 대해서 대화를 나누었다고 한다. 그러면서 그렇게 가상의 신분으로 진짜 자기를 아는 친구들을 불러들인 이유를 설명하길, '사람들이 자기를 싫어하는지 아닌지 알아보려고' 그랬다고 했다. 디지털 왕따가 일종의 사회적 죽음을 의미하는 불안감이 팽배해지고, 서로 흉을 잘 보는 그런 청소년 하위문화에서 제크가 품은 것과 같은 궁금증을 풀기에는 확실한 방법이긴 했다.

제크의 경우처럼 이런 비인격화에는, 디지털의 편의성과 비현실성을 이용해 삶의 중심적 가치를 무의미하게 만드는 결과가 뒤따른다. 즉, 사회적으로의 정체성, 공감을 바탕으로 관계를 맺는 능력, 솔직하게 자신을 표현하며 교류할 기회 등이 무의미해진다.

오늘날 우리는 누구나 디지털 영역에서 인간의 가장 원초적인 성향들을 자유롭게 충족시킬 수 있고, 우리 대다수는 때때로 그 자유를 기꺼이 누린다. 하지만 우리 모두에게는 또 다른 것도 필요하다. 서로에게 사물화되지 않고 그 이상의 존재가 되어야 할 필요. 온라인과 오프라인 가릴 것 없이 어디에서든 똑같이 '실재'하는 사람으로, 예의를 지켜야 할 상대방으로 인정받을 필요이다.

이 점에서는, 이름을 공개한다고 해서 그 사람이 선량하게 행동한다고 보장할 수 없듯 익명이 꼭 나쁘기만 한 것은 아니다. 오히려 우리가 삼가야 할 것은 일종의 이기주의다. 가상세계나 페이스북 친구들 사이에서 익명이든 아니든 간에, 모든 상호작용을 개인적인 욕구 충족의 수단으로만 대하는 그런 이기주의 말이다. 이 문제에서는 무엇보다 디지털 커뮤니티의 권한과 정직성이 중요하다. 커뮤니티가 효과적으로 자기통제를 할 줄 알고, 공유된 규범을 존중할 줄 아는 것이 중요하다. 또한 자체통제를 하되 권한의 행사가 필요한 때를 분별할 줄 아는 능력이 있는지도 중요하다. 각 경우에 어느 선에서 한도를 정할 필요가 있다. 온라인상에서든 직접 대면하든 간에, 우리는 다른 사람들이 인정해준 딱 그만큼의 인간이 된다.

*중세 이후의 유럽 각 지역에서 유대인을 강제 격리하기 위해 설정한 유대인 거주지역. '격리지역'으로 자주 비유된다.

**Internet Movie Database의 약자로, 세계 최대의 영화 관련 콘텐츠 온라인 데이터베이스 서비스.

***광고주를 위한 툴로, 특정 검색어에 대한 인기도를 추적할 수 있는 서비스다.

****TED는 Technology, Entertainment, Design의 머리글자를 딴 것으로, 연례 세계 IT 및 문화계 인사들의 정보 교류장.

*****모든 소프트웨어를 누구든지 자유로이 사용할 수 있고, 필요에 따라 변경할 수 있으며, 변경된 소프트웨어를 자유로이 배포할 수 있게 하기 위한 목적으로 프로그램에 저작권을 부여하는 것을 막는 운동.

******페이스북과 유사한 개념의 소셜네트워크 서비스.

How to Thrive
in the Digital Age
Tom Chatfield

**THE
SCHOOL
OF LIFE**

오락은 어떻게 우리를 사로잡았나?
Play and Pleasure

Part 7

게임에 중독된
외계인들

2006년에 미국의 심리학자 제프리 밀러Geoffrey Miller는 〈시드Seed〉지에 게재한 평론을 통해 일명 '페르미 패러독스'라는 의문을 고찰한 바 있다. 페르미 패러독스란, 1950년대 말 이탈리아계 미국인 물리학자 엔리코 페르미Enrico Fermi가 처음으로 제기했던 다음과 같은 의문이다. "우주의 방대한 크기와 나이를 감안할 때, 또 우주 안에 쾌적한 환경을 가졌을 가능성을 지닌 행성의 수를 감안할 때, 지능을 가진 외계 생명체가 존재할 법도 한데 어째서 그런 외계 생명체의 증거가 발견되지 않는 걸까?"

페르미의 의문에 대해서는 다양한 답이 제시되어왔다. 가령 외계 생명체의 존재는 도저히 불가능하다는 의견도 있고, 외계인이 무기에 의해 자멸했다는 설도 있으며, 외계인이 정말로 존재하며 우리 인류를 찾아냈지만 우리에게 자신들의 존재를 알리고 싶어 하지 않는다는 추측도 나왔다. 그러나 밀러는 페르미는 생각지도 못했을 법한 이론을 내놓았다. "나는 외계인들이 자멸한 것으로 생각하지 않는다. 그들은 단지 컴퓨터 게임에 중독되어 찾아오지 않는 것이다."

1세기도 더 전부터 공상과학소설은 그럴듯하고 인위적인 이상향의 모습을 상상해왔다. 이를테면 올더스 헉슬리Aldous Huxley는 《멋진 신세계》에서 불길한 버전의 완벽한 인간을 그렸고, 필립 K. 딕Philip K. Dick의 소설 속에서는 휴머노이드 로봇들과 인위적으로 통제되는 감정이 그려졌다. 하지만 밀러는 날카로운 관점으로 다소 걱정스러운 측면이 있는 이상향을 예상했다. 우리가 지상에 천국을 건설하기보다는 언젠가 현실로부터 완전히 멀어지게 될지도 모른다고.

그런데 비록 미미한 수준이지만, 이런 가능성이 점차 우리 주변 세상에서 일어나고 있는 것 같다. 미국의 게임 개발자이자 2010년에 《망가진 현실Reality Is Broken》을 펴내기도 했던 제인 맥고니걸Jane McGonigal에 따르면, 현재 인류 전체가 전자게임에 보내는 시간은 주당 30억 시간이 넘는다. 더군다나 이 수치는 증가일로 추세이다. 말하자면 인간의 노력, 관심, 관계, 정체성이 대거 이주하면서 옮겨가고 있다는 것이다. 우리에게 즐거움을 주고 우리 마음을 사로잡으려 특별히 설계된 인위적 환경으로 말이다.

미국의 경제학자이자 가상세계 연구가인 에드워드 카스트로노바 Edward Castronova가 만들어낸 신조어를 빌어 말하자면, 가상의 활동과 삶의 만족도는 서로 '치명적 몰입의 딜레마'에 직면할 소지를 가진 관계이다. 이것은 가상공간에 몰입함으로써 얻게 되는 짜릿한 쾌락과 이런 몰입이 삶과 사회 전반에 미치게 될 잠재적 악영향 사이에서 갈등하게 되는 딜레마를 일컫는 말이다.

2011년 8월, 카스트로노바는 독일의 경제학 교수 게르트 G. 바그너 Gert G. Wagner와 공동으로 국제 사회과학학술지 〈키클로스 Kyklos〉에 '가상생활의 만족도 Virtual Life Satisfaction'라는 제목의 연구논문을 게재했다. 이 연구는 2005년도 세계가치관조사 World Values Survey 자료를 가상현실 게임 '세컨드 라이프 Second Life'의 이용자들에 대한 2009년도 조사와 비교하여, 직업을 잃는 일 등 삶의 실제 사건들에 따른 삶의 만족도 변화와, 가상세계 참여에 따른 삶의 만족도 변화를 서로 대조

해본 것이다.

  카스트로노바와 바그너가 얻어낸 연구결과에서 가장 눈길을 끄는 대목은 세컨드 라이프 이용으로 삶의 만족도가 향상되었다는 사실이 아니었다. 이 정도야 이 게임이 가장 심혈을 기울이는 목적이 재미를 주려는 것임을 감안하면 예상할 만한 뻔한 결과이니 말이다. 오히려 더 주목되는 부분은 그 게임을 통해 삶의 만족도가 높아진 '정도'이다. 행복을 주제로 삼는 학술연구들에서 나타나는 가장 설득력 있는 연구결과 중 하나는 바로, 실업 상태와 낮은 삶의 만족도 사이의 상관관계다. 그런데 세컨드 라이프를 통해 얻는 삶의 만족도 수준은 일자리를 구해 실업에서 벗어남으로써 얻게 되는 삶의 만족도와 엇비슷했다.

  이 점에 대해 두 사람은 다음과 같이 지적했다. "여기에서 흥미로운 추론이 도출된다. (…) 세컨드 라이프로 '이동하는' 것은 단지 컴퓨터와 인터넷 접속과 관련된 일에 불과하다. 물론 실업자들에게 남아도는 자유시간과도 관련된 일이지만, 어쨌든 이를 감안하고 생각할 때 이처럼 서로 비슷한 정도의 효과를 유발한다는 것에 대해 이렇게 생각해볼 수도 있다. 게임 이용자들 중 개중엔 현실의 삶을 바꾸려고 애쓰기보다 가상의 삶에서 위안을 구하려는 동기가 강할 수도 있다고."

 이 연구에는 두 가지 시사점을 내포하고 있다. 그 첫 번째는 가상 환경 이용자들에게 그들이 그곳에서 보내는 시간은 때때로 정서적 보상의 관점에서 꽤 수지맞는 시간이 된다는 사실이다. 두 번째는 실제를 흉내 내서 만들어진 환경과 대비하여 만족의 원천으로서의 현실 생활이 지닌 한계를 살펴보는 한편, 우리가 목표로 삼아야 할 것이 현실 세계를 향상시키는 것인지, 가상세계의 유혹을 막기 위해 개입해야 하는 것인지, 아니면 둘 다여야 할지에 대한 의문에도 답해보도록 유도해준다는 것이다.

내 옷과 아바타의 옷, 어느 것이 가치 있는가?

 '오락'이라는 개념은 디지털로 매개되는 삶의 상당부분을 아우르는 상징이다. 또한 확실성과 확고함을 제공해주는 곳을 찾아 잠시나마 삶의 끝없는 문제들을 떠날 수 있음으로써 얻게 되는 쾌감의 상징이기도 하다. 사실 유튜브에서부터 트위터, 페이스북에 이르기까지 세계에서 가장 성공한 대다수 온라인 서비스들은 한 가지 공통점이 있다. 하나같이 게임과 흡사하다는 것이다. 첫째로, 이용자들의 노력에 대해 친구 수, 접속 수, 메시지 수 같은 확실한 측정기준을 상으로 주는 면이 유사하다. 둘째로, 흥미를 끄는 연속적 행동과 반응들을 끊임없이 만들어내며 여기에 협력과 경쟁의 기회까지 덤으로 갖추게 된다는 면에서 게임과 비슷하다. 물론 우리는 때때로 어른답게 굴어야 할 때도 있다. 하지만 이런 재미있는 메커니즘은 계속해서 우리를 유혹한다. 게다가 시사점도 찾아볼 수 있다. 바로, 디지털 오락이 앞으로 우리의 욕구와 행동이 어떻게 진화할지 관찰하는 데 얼마나 유용한 수단인지에 대해서나, 이런 공간에서의 즐거운 자유가 우리가 사회나 서로에게 기대하는 바를 어떤 식으로 새로 정립시킬 수 있을지에 대한 시사점이다.

여기에서 한 가지 흥미로운 개념은 바로 '플레이버$_{playbour}$'이다. 이 단어는 '오락$_{play}$'과 '노동$_{labour}$'을 결합시킨 말로, 가상세계 안에만 존재하는 물자에 쏟는 실제 노동을 가리키는 확장된 경제 개념이다.

이 경우에 '존재하다$_{exist}$'라는 말에는 문제가 있는지도 모른다. 아내와 나는 온라인 판타지 게임 월드 오브 워크래프트를 첫 출시 이후로 쭉 해왔다. 우리의 게임 속 캐릭터들은 거기에 쏟아 부은 수천 시간을 대변하고, 캐릭터들의 아이템은 몇 주에 걸쳐 모험하고 탐험하고, 다른 수십 명의 플레이어들과 함께 대담한 공격을 치른 끝에 얻어낸 결과물이다. 하지만 픽셀 이미지일 뿐인 이 아바타들의 세상 속 실재가 게임을 운영하는 회사의 컴퓨터 시스템 내부 디스크상의 전하電荷에 불과하다면 이들은 어떤 의미에서 '존재'하는 걸까?

이 의문을 풀어줄 의미 있는 대답은 하나뿐이다. 집단적 믿음에 의존하는 존재라는 것. 사실, 내 월드 오브 워크래프트 캐릭터의 가치는 내 은행계좌에 든 돈의 가치 이상도 이하도 아니다. 좀 더 정확히 말해, 믿음과 동감에 의존한다는 점에서 둘은 똑같다. 월드 오브 워크래프트의 이용권을 구매한 사람은 전 세계에 걸쳐 1,000만 명이 넘는다. 미국에서 이 플레이어들 중 한 명이 게임에 수백 시간을 투자할 필요 없이 자신의 캐릭터에 놀라운 아이템을 얻게 해주고 싶다면, 다른 누군가의 노력의 가치는 그 사람이 아이템의 대가로 기꺼이 지불할 만큼의 가치가 된다. 그러니까 그때그때 상황에 따라 달라지는 것으로, 특별한 캐릭터를 꾸미려 한다면 그 최고가가 미화 1,000달러가 넘기도 한다.

이와 같은 욕구를 채워주는 아이템 거래는 대체로 게임 회사들에서

허용하고 있지 않음에도 불구하고 수억 달러에 상당하는 산업으로 자리 잡고 있다. 현재 가상환경에 투자되고 있는 신뢰, 시간, 노력의 규모를 증명해주는 사례인 셈이다. 게다가 가상 인공물에 수백 달러, 아니 심하면 수천 달러를 지불함으로써 유발되는 별 희한한 괴리에도 불구하고(현재 가상의 물건에 대한 최고가 기록은 2010년에 33만 달러에 팔린 엔트로피아 유니버스Entropia Universe라는 게임의 우주정거장이다), 최고 인기의 게임들이 사람들에게 그 게임에서 열심히 '일할' 마음이 들게 해주는 정서적 경험을 감안하면 어떤 식으로든 의미가 있긴 하다.

가령 세계적으로 크게 인기를 끄는 게임 세상들 상당수가 목가적 소박함(농장, 중세의 성, 이상화된 초원 풍경 등)을 배경으로 하는데, 이것은 우연의 일치가 아니다. 또한 게임 속 세상에서는 고된 일과의 과정이 등골 빠지는 지독한 노동 없이도 능숙하게 농작물을 수확하거나 작업을 수행하는 식으로 돌아가기도 한다. 사실 제품을 창조한 뿌듯함에서부터 공통 과제를 잘 협력해서 풀어낸 기쁨에 이르기까지, 현대의 현실 세계 속 근로생활은 대부분 정서적 만족 면에서 그다지 '실질적'이지 못하다. 반면에 비록 가상세계일지라도, 유용하기도 하고 마음먹은 대로 결과를 바로 보상받을 수 있는 게임 세상 속 목가

너무 바쁘거나 마음이 급해
직접 게임을 진행하지 못하는
게임 플레이어들의 경우엔
중국에 하청을 맡길 수도 있는데,
그러면 그곳 사람들이 돈을 받고
대신 게임을 해준다.

적인 삶에서의 수고로움은 나무 사발을 만들거나 빵을 굽는 것 못지 않게 그 나름대로의 만족감을 안겨주기도 한다.

나는 가상세계에서 현금은 쓰지도 않고 벌지도 않는다. 물론 몇몇 게임의 월 이용료는 예외다. 하지만 내가 생각하기엔, 내가 입을 브랜드 청바지에 50파운드를 쓰는 것이나 그 돈으로 게임 속 아바타에게 가상의 디자이너 옷을 사주는 것 사이에서 큰 차이점을 찾기는 힘든 것 같다. 한쪽은 실체적인 물건이고 다른 한쪽은 디지털 버전이라는 차이가 있지만, 둘 다 꼭 필요한 것은 아니다. 그리고 가상의 버전이 더 유용하고 더 오래 즐거움을 줄 수도 있다.

두 경우 모두 똑같은 경제논리에 따라 지배받기도 한다. 둘 다 상품 고유의 가치가 아닌 희소성, 인식, 정보, 디스플레이 등의 여러 요소들 속의 위상에 바탕을 두고 있다. 이런 맥락에서 보면 어떤 물건을 '가상의' 것으로 묘사하는 것 자체도 어폐일지 모른다. 실제로 데이터와 픽셀의 소유가 석유 무역처럼 정말로 중대한 비즈니스가 될 수도 있다는 생각이 차츰 당연시되면서, 비현실적 거래를 규제하는 것이 점점 실질적인 우려 사안으로 대두되고 있을 정도이다. 특히 그런 식의 상품이 만들어지고 소유되고 돈벌이가 되는 별난 방식이 문제다. 집단적 믿음이 왕처럼 군림하는 곳에서는 이용자들의 신뢰를 끌어내는 경제적 구조만이 살아남을 것이다. 가상의 자산을 수많은 '현실적' 자산보다 더 솔깃한 투자로 만들어줄 만한 그런 구조 말이다.

스마트폰으로 게임을 하고 있는 당신의 속내

가상 체험에 있어서 이제는 인위적으로 만들어진 중세풍의 노동에 몰입하는 것만이 유일한 방법은 아니다. 1980년대와 1990년대에는 디지털 오락에서 가장 각광받고 흥미로운 미래 분야로 몰입형 가상현실***이 주목받았다. 하지만 그로부터 10년이 좀 더 지나면서 차츰 양상이 바뀌고 있다. 온라인 공간에서의 쾌락의 미래가 영화 '매트릭스' 같은 것보다는 더 단순하면서도 폭넓은 이용층이 누릴 수 있는 그런 유형을 띠는 듯하다.

앞에서도 언급했던 월드 오브 워크래프트가 한 예이다. 역사상 가장 대박을 터뜨린 이 온라인 롤플레잉 게임은 출시 이후 7년 동안 1,000만여 명의 유료 이용자들을 끌어모았다. 한편 2009년 12월에 첫선을 보인 이후 대단한 인기를 끌며 5억 명 이상의 삶 속으로 파고든, 전혀 다른 종류의 게임도 있다. 바로 앵그리 버드Angry Birds이다.

앵그리 버드는 단순함의 극치라 할 만한 게임이다. 귀여운 2차원의 만화 같은 세계에서 못된 돼지들이 앵그리 버드의 알을 훔쳐가는 것으로 이야기는 시작된다. 이제 게이머는 앵그리 버드들이 도둑맞은 알들을 되찾도록 도와주기 위해 수백 개에 이르는 스테이지를 거치며 돼지들의 흔들거리는 요새를 고정되어 있는 새총으로 맞춰서 부숴야 한다.

앵그리 버드는 '물리학에 기반을 둔 게임'이다. 요새를 부수고 돼지들을 떨어뜨리기 위해 발사 수가 제한된 상황에서 신중하게 각도와 힘을 정하는 것이 이 게임의 재미이기 때문이다. 게이머의 무기가 되는 몇 가지 종류의 새 얘기를 제외하면 이 게임에 대해 설명할 말은 여기까지가 전부이다. 게임의 요령이라곤 스마트폰이나 태블릿 같은 터치스크린 기기에서 손가락으로 새총을 뒤로 쭉 잡아당겨 목표를 겨냥한 뒤에 발사하면 그만이다. 그런 식으로 계속 발사하면 된다. 수천 번씩 그렇게 똑같이.

앵그리 버드는 게임 구동 기술 발전에서 가장 최신 단계의 혜택을 누리며 태어났다. 다시 말해, 스마트폰과 태블릿 같은 강력한 모바일 컴퓨팅 기기의 출현 덕분에 탄생할 수 있었다. 전자 게임은 거의 하룻밤 사이에 그 양상이 바뀌었다. 값비싼 콘솔이나 컴퓨터로 게임을 즐기던 자칭 '게이머'들의 영역을 넘어서서, 빠르게 만인의 오락이 되었다.

출근 길에, 약속한 사람을 기다릴 때, 엘리베이터나 에스컬레이터를 타고 갈 때, 앵그리 버드 같은 가벼운 게임들은 몇 분씩 비는 그 잠깐 동안에도 푹 빠져서 즐길 수 있는 여지를 준다. 지루함은 날려주고 기술과 포인트 획득만을 요구한다. 앵그리 버드든 워크래프트든, 재미있는 게임이 되는데 기여하는 심리적 메커니즘은, 재미있는 디지털 체험의 대다수에 기여하는 그런 메커니즘과 근본적으로 비슷하다.

이런 게임들에는 제한적이고 한정적인 영역, 즉 현실의 무한한 복잡성을 대신해주는 더 단순하면서도 더 강렬한 어떤 요소가 꼭 포함되어 있다. 다시 말해, 게임이 제시하는 방식대로 올바로 수행하기만 하면 반드시 해결될 수 있는 일련의 문제나 수행과제들이 들어 있다. 이런 의미에서 볼 때, 앵그리 버드는 그야말로 유토피아이며 언제나 한결같은 낙원 같은 곳이다. 풀과 푸른 하늘이 펼쳐지고 새와 돼지들이 사는 그 세상으로 들어가면, 어떤 플레이어든 언젠가는 매 단계를 정복할 수 있는 곳. 게다가 정복을 위해 요령을 터득해가는 과정 또한 대체로 즐거운 곳.

사회학적 관점에서 보면 앵그리 버드에서 제시하는 문제는 이른바 '유순한 문제tame problem'에 해당한다. 이 말은 사회이론가인 호르스트 리텔Horst Rittel과 멜빈 웨버Melvin Webber가 1973년에 발표한 논문에서 처음 언급했던 것으로, 체스 같은 게임과 대다수의 수학적 명제들이 포함된다. 말하자면, 문제를 해결하려는 사람이 필요로 하는 모든 자료를 자유롭게 이용할 수 있고 처음부터 최종 해법이나 합리적 명제가 있음을 아는 경우, 그 경우 이 문제는 유순한 문제다.

유순한 문제와는 대조적으로 '심술궂은 문제wicked problem'도 있다. 결정적 쟁점을 명확히 체계화할 방법이 없는 데다 단 하나의 해법이나 명확한 해법이 없는 그런 문제를 가리킨다. 다루기 힘든 문제는 저마다 처해 있는 환경이 독특하며 다른 문제들과 얽혀 있다. 한 국가나 회사의 경제적 건전성, 혹은 누군가가 자신의 사생활에서 최선의 행동방침을 결정하려는 경우가 그 전형적인 사례이다. 두 경우 모두 희망할 수 있는 유일한 해결책은, 그 문제의 양상들을 '유순하게 길들이는' 전략뿐이다. 즉, 여러 요소들로 분류하면서 상대적으로 더

낫거나 더 나쁜 처리 방법을 제시하는 것.

이런 관점에서 볼 때 삶 자체도 다루기 힘든 문제에 속한다. 더글러스 애덤스Douglas Adams는 《은하수를 여행하는 히치하이커를 위한 안내서》에서 공상과학 소설 속의 조크 중 백미로 꼽힐 만한 상상을 풀어놓았다. 소설 속에서 슈퍼컴퓨터가 '삶, 우주, 그리고 모든 만물의 궁극적 의문에 대한 궁극적 대답'을 내놓는데 그 답은 바로 숫자 42. 이 조크는 하나의 숫자로 답해질 수 있는 그런 문제와, 그와는 차원이 아주 다른 삶과 같은 문제 사이의 터무니없는 부조화를 꼬집은 것이다. 즉, 우주와 만물은 고사하고 삶이 체스나 앵그리 버드 같은 식의 해답을 가지고 있다는 생각은, 그 자체로 유쾌한 난센스라는 것.

우리는 오락을 하면서 '심술궂은 것들'을 버리고 '유순한 것들'을 찾는다. 이것은 오락이 우리를 왜 그렇게 즐겁게 해주는지, 그 이유에 대한 의미심장한 대목이다. 또한 진화론적 관점에서 이 점이 동물의 왕국 전반에 걸쳐 아주 중요한 이유에 대해서도 마찬가지다. 오락은 그 세계 속에서 협력과 경쟁에서부터 신속함과 숨기기에 이르기까지 다양한 기술을 익히기에 안전한 환경이다. 우리는 삶을 연습하기 위해 오락을 한다. 삶 자체는 절대 연습이 아니므로. 현실 세계에서는 순간과 기회가 단 한 번밖에 오지 않는다. 체코의 작가 밀란 쿤

데라의 말처럼 '참을 수 없는 존재의 가벼움'이다.

가상 세계의 역할

　예측가능성과 반복가능성은 디지털 영역에서 누리게 되는 최고의 기쁨 중 하나이다. 누구나 자기 이야기의 주인공이 될 수 있고 발전과 성공을 체험할 수 있다. 지루함이나 소외감에 빠진 사람들은 현실 세계와는 비교할 수 없을 만큼 쉽게 삶의 만족도를 끌어올릴 수 있고, 참을 수 없는 상황으로부터 도망갈 수도 있다.
　영국의 소설가 나오미 앨더만Naomi Alderman은〈가디언Guardian〉지의 2008년 11월자에 게재한 글에서 2001년에 맨해튼에서 지낼 때의 이야기를 썼는데, 당시 9·11 테러 이후 잠시 견딜 수 없는 불안에 시달리던 그녀는 비디오 게임을 이용해 현실 세계에서 도피했다고 한다.
　앨더만이 선택했던 게임은 디아블로 2였다. 데몬과 언데드 같은 몬스터들이 나오는 판타지 세계에 들어가 영웅이 되어 모험을 펼치면서, 적들로 가득한 던전들을 정복하기 위해 친구들과 팀을 짤 수도 있는 게임. "네 시간을 디아블로 2에 빠져 있다 나왔을 때 휴가를 다녀온 기분이었다. 게임을 하는 동안 너무 기분이 좋아서 맨해튼에 감돌던 그 섬뜩한 공포의 이미지들도 말끔히 잊을 수 있었다. 그 게임이 내 머릿속을 가득 채워서 불안감이 들어설 공간도 없었다. 그 순간엔 그것이 너무 고마울 따름이었다." 그녀의 회고담이다.

실제로는 잘 짜인 디지털 서비스 내부이지만, 어쨌든 디아블로 같은 게임 세상 속에서는 가장 다루기 힘든 생존의 문제들이 잠깐이나마 더 순한 경험들에 의해 대체되기도 한다. 게다가 제인 맥고니걸 같은 작가와 이론가들의 주장처럼, 최고의 게임과 기술들을 교훈 삼아 현실 자체를 '더 좋게' 만들기 위해 노력한다면, 이런 원칙을 한 차원 더 높게 이용할 수도 있다. 즉, 게임과 기술이 지닌 행동관련 데이터 등의 자원을 활용하여 현실 세상의 보상, 참여, 교육, 팀워크 등의 과정을 개선시켜보려 시도할 수도 있다. 그다지 고상하지 못한 용어이긴 하지만 이런 시도를 한마디로 '게임화gamification'라고 부르기도 한다.

한 가지 간단한 사례를 들면 가정의 전력소비의 경우가 있다(그다지 끌리지 않는 주제겠지만 감소시키는 문제와 관련된 대다수의 계획에서 주목할 만한 경우여서 사례로 고른 것이다). 확실한 증거를 바탕으로 입증된 바에 따르면, 표준적으로 사용되는 전기계량기를 실시간으로 전력 소비량을 보여주는 계량기로 바꾸면 사람들이 가정의 여러 가전에서 사용되는 에너지에 대해 더 신경 쓰게 된다고 한다. 일부 게임 설계자들과 심리학자들은 인기 있는 게임들의 개발 과정에서 획득된 노하우를 이용해 이런 식의 피드백을 더욱 적극적으로 유도하는 방면에 흥미를 보이고 있다.

가령 사람들에게 시간에 따라 단계적으로 다양한 과제와 목표를 할당해주면 장기적인 동기 부여와 참여 촉진에 도움이 될 수 있다. 이웃과 함께 데이터와 피드백을 공유하면서 다른 사람들에게 더 열심히 하거나 더 좋은 전략을 선택하도록 격려해주는 것도 같은 효과를 이끌어낼 수 있다. 게다가 여러 가지 노력과 성취에 대해 포상점수를 주고, 또 여기에서 그치지 않고 그 포상점수를 다른 곳에 이용할 수 있게 해주거나, 랭킹보드를 만들거나, 교육 및 관련 제도에 연계시킨다면 더 효과를 높일 수도 있다. 마크 트웨인의 톰 소여가 1876년에 이미 터득했다시피 울타리에 페인트칠을 하는 것도 기분 좋은 경험으로 바꿀 수 있다. 그 일에 숙달되는 것을 특별한 성취로 여길 줄만 안다면 말이다.

어떤 경우에서든 심리적인 교훈은 본질적으로 전혀 새로운 것이 아니다. 하지만 새로운 것이란 이런 통찰들을 이용하는 세련되고 자동화된 디지털 기술의 한 단계이며, 세상에서 가장 성공적인 디지털 게임과 서비스들의 영향력을 약하게 만들 수 있는 현실적 사례이다.

물론 이런 류의 교훈을 모든 상황에 다 적용할 수 있는 것은 아니다. 하지만 나는 믿는다. 그 교훈 속에서 우리는 참여유도에 적합한 최고의 디지털 기술, 그리고 교육문제, 환경문제, 정치참여 등 다양한 쟁점에 대한 참여양상 개선, 그 사이에서 생산적 소통의 형태를 발견할 수 있을 것이라고. 특히 학습의 문제에 있어서 이미 '디지털 네이티브'인 신흥세대의 습관과 기량에서 우리가 주목할 만한 시도가 보이기 시작하고 있다. 게임에서 끌어낸 교훈이 조만간 교육 제도의 포괄성과 효율성 모두를 바꾸어줄 수도 있을 것이다.

우리는 한 종種으로서 수십만 년에 걸쳐 진화하면서 만족을 주는 것들을 발견해냈다. 그리고 오늘날에는 특별한 종류의 역분석 공학****에 착수하여 인공의 세계와 공간을 세우고 있다. 그것도 우리의 흥미를 돋우고 우리에게 즐거움을 주기 위한 특별한 목적으로 세워진 공간이자, 자연의 복잡성과 좌절로부터 자유로운 그런 공간을. 이를 통해 기대되는 우리 종의 잠재력 확대는 가히 믿을 수 없을 정도이다. 공동의 측면에서, 현재 우리는 그 어느 시대와도 비교할 수 없을 만큼 협력하고 있다. 또한 개인적인 면에서도, 100년 전에는 상상할 수도 없었을 만큼의 기회를 가지고 있다.

하지만 우리의 잠재력에는 취약성이 있으며, 우리가 망각할 수 없는 사실도 있다. 바로, 우리 자신이 만들어낸 그런 '유순한 영역'에서는 삶에 대한 완벽한 해결책이 존재하지 않는다는 것이다. 앵그리 버드 같은 게임 속에서는 어떤 식으로든 완벽함이 가능하다. 충분한 시간과 노력을 기울이면 전 세계 3억 5,000만 명의 유저들 중 누구라도 매 스테이지마다 별점 3개를 다 딸 수 있다. 하지만 우리는 현실 세계에서는 완벽하지도, 완벽할 수도 없다. 만일 완벽함을 기대하도록 배운다면 곤경에 빠지고 말거나, 다루기도 힘들고 보상도 없고 기회라곤 단 한 번뿐인 삶을 이끌어 나갈 전략도 세우지 못하게 될 것이다.

지금 우리는 최첨단 기술을 통해, 그리고 인간의 행동과 경험을 평가·개선·증대시키는 것에 관한 완전히 새로운 방식을 통해 여러 가지 기적을 발견하고 만들어갈 수 있다. 하지만 이런 시대를 사는 우리는 다른 무엇보다 이 점을 꼭 명심해야 한다. 현실을 외면해서는 안 된다는 것. 또한 그런 순한 시스템의 쾌락과 휴식을, 성가시고 완벽하지 못한 일인 전인적 인간이 되는 것과 혼동해서는 안 된다는 것을 말이다.

*1980년부터 5년마다 세계 80여 개국에서 동일한 설문문항으로 실시되는 것으로, 우리나라도 1990년부터 참여하고 있다.
**제2의 삶이라는 의미를 지닌 온라인 게임. 가상세계 안에서 현실 세계에서 그러듯이 직업도 갖고 사업도 하고 부동산도 사고파는 등 삶을 꾸릴 수 있다.
***몰입감을 높이기 위해 사람의 몸에 각종 장치를 부착하여 가상세계를 체험할 수 있도록 하는 시스템을 말한다.
****타사 제품을 분석해 신기술 따위를 자사 제품에 응용하는 기술.

How to Thrive
in the Digital Age
Tom Chatfield

**THE
SCHOOL
OF LIFE**

정치가 삶의 일부로 녹아든 시대
The New Politics

Part 8

새로운 정치가
시작된다

　미국의 티파티 운동˙, 스칸디나비아에서 창당된 저작권 반대 정당인 해적당Pirate Party, 아랍의 봄Arab Spring˙˙ 사건들, 그리고 전 세계적 운동으로 확산된 반금융자본주의 시위 '점령하라Occupy'의 공통점은 뭘까? 솔직히 말해, 이들 사이에 이념적으로 공통되는 근거는 없다. 하지만 모두 지난 몇십 년 사이에 떠오른 새로운 정치를 대변하고 있으면서, 두 가지 공통적인 속성을 띠고 있다. 아이디어와 이념이 바이러스처럼 확산되었다는 것과, 정치적 행동의 형태가 전통적이고 상의하달식 정당 운영보다는 프랜차이즈식에 더 가깝다는 것이다.

이런 활동에 동참하고자 한다면 이념적 기준을 확인하고 디지털적 수단으로든 전통적 수단으로든 조직을 꾸려 그 운동의 기치 아래 활동에 들어가면 그만이다. 리더가 있을 수는 있지만 단독적 지휘계통 같은 것은 없다. 보통은 그 운동에서 혐오하고 반대하는 것이 뭔지가, 세상이 정확히 어떻게 달라지길 원하는지에 대한 대안보다 훨씬 더 명확한 편이다. 그리고 실제로 중동 일부 지역에서 증명되었다시피, 당국자들이 그 운동에 대한 대응으로 잔인한 공권력을 발휘할 태세가 아닌 이상 양상이 바뀌어 혁명적 성향을 띠기도 한다.

영국의 작가이자 철학자 렌 레이놀즈Ren Reynolds는 이런 정치 트렌드를 강물의 물결에 비유했다. 그런 트렌드를 존재하게 해주는 본질, 즉 흐르는 물결 자체가 디지털을 통해 서로 연결된 시대의 새로운 정치인 셈이다.

우리는 디지털을 통한 연결이 더욱 활발해지면서 차츰 새로운 방식으로 정치에 접근하고 있다. 지난 반세기 동안 대다수 선진 민주주의국가에서는 정식 당원의 숫자나 투표율이 지속적으로 하락세를 걸어왔다. 대다수의 조사에 따르면 정치인들에 대한 신뢰도는 사상 최저 수준에 가까울 만큼 낮고, 대중 정치토론의 전통적 수호자인 신문

변화하는 세계의
정치질서 표면에 일어난
또 하나의 잔물결.

시애틀의 '점령하라' 시위 현장.

과 방송들도 대중으로부터의 애정이나 관심 측면에서 그보다 나을 바가 없다. 하지만 뉴스 헤드라인을 보면 어렵지 않게 접하게 되는 기사들이 바로 각계각층의 다양한 사람들이 어마어마한 규모로 결집한 정치 행동, 특정 불의에 분개해 불만을 표출하는 전 세계적 시위, 테러와 불평분자를 키우는 지하조직 등에 관련된 얘기들이다.

2011년 말, 뉴욕과 런던 모두 반기업 시위 '점령하라'에 점령당해 있었다. 게다가 구 미디어와 신 미디어 가릴 것 없이 다 같이 이 소식을 보도해주고 있는 덕분에, 온두라스와 볼리비아에서부터 독일, 일본, 세르비아, 인도에 이르기까지 전 세계 다른 900개 이상의 도시에서도 이를 따라 동시다발적으로 시위가 일어났다. 이 운동의 시초인 미국 점령하라 웹사이트에 올려진 '연대의 원칙-초안'에 따르면, 이 운동은 '평등의 가능성을 높여줄 새로운 사회정치적·경제적 대안을 꿈꾸는 도전'이다.

웹사이트에서는 다른 곳에서도 똑같은 운동을 벌이고 싶어 하는 이들을 위해 '총 집회를 시작하기 위한 핵심 가이드'도 올려놓았다. 이 운동은 대수롭지 않은 것으로 무시당하기도 쉽지만 그 열정으로 따지나, 논평, 토론, 주장을 입증하는 증거에 대한 지식의 양으로 따지나 진지하게 여겨질 만한 사건이다. 주류 정치의 대다수 쟁점에 대해서는 그런 대중적이고 긍정적인 의견투입이 결핍되어 있는 실정을 감안한다면 말이다. 실제로 〈타임〉 지는 2011년도 올해의 인물로 '시위자들Protester'을 선정하며 '구식의 기술에 최신식 기술을 결합하여 (…) 과거에 비해 더 민주적이지만 가끔은 더 위험스럽기도 한 지구를 21세기에 맞는 방향으로 이끌고 가는' 공로를 인정해주기도 했다.

다른 분야도 마찬가지겠지만, 서로 다른 경험들 간의 경계 또한 신기술에 의해 근본적으로 바뀌어왔다. 디지털을 통해 수천 명, 아니 수백만 명 단위의 결집에 관심 갖거나 참여하는 것 모두가 가능한 21세기 시민들에게 '정치'는 별개의 선택적 행동이라기보다는 삶의 일상적 흐름의 일부분이다. 우리가 참여를 의식하든 안 하든, 그것은 별로 중요하지 않다. 무관심도 행동주의 못지않게 나름의 정견이 있는 셈이니까. 지방자치에서부터 과세, 투표, 개인정보에 이르기까지 모든 것이 전 세계의 디지털 네트워크로 꾸준히 이동하면서 정치적 관여에 대한 적극성과 소극성 모두 꾸준히 늘고 있는 실정이다.

어디까지 보호하고
보호받아야 하는가?

 1989년 인터넷의 상업적 개방과 웹의 탄생 이후, 디지털 미디어는 단순히 우리 시대의 정치를 보도하던 차원을 넘어서서 정치 창출에 적극 이바지하는 방향으로 꾸준히 이동해왔다. 오늘날에는 글로벌 시위정치에서부터 폭로전문지 위키리크스Wikileaks의 영향, 글로벌 해커 집단 어노니머스Anonymous에 이르기까지, 구시대의 힘의 균형이 엄청난 속도로 이동하면서 역사상 줄곧 지식과 조직화 도구를 독점해온 소수자들로부터 힘이 빠져나가고 있다.

 하지만 인터넷 접속을 민주주의적 자유와 동일시하는 단순한 생각에 혹해서는 안 된다. 그런 생각은 이런 상황의 복잡성을 제대로 파악하지 못하는 생각일 뿐이다. 바로 중국의 경우가 그런 단순한 생각에 적용되지 않는 예외 사례이다. 중국은 온라인 인구의 측면(온라인 이용자와 계정이 3억 명이 넘는다)에서만이 아니라 감시, 검열, 첩보 체제 면에서도 세계 최고를 자랑하니 말이다. 디지털 도구들은 자유를 촉진시켜줄 수도 있지만, 디지털 도구들이 펼치는 이야기는 결코 단순하지 않으며 그 결말이 혁명이나 전면적 개혁이 될 가능성도 희박하다.

특히 가장 위험한 것은 무관심이 아니라 뭘 모르는 순진함일지도 모른다. 우리 마음대로 이용할 수 있는 그 디지털 도구의 잠재성과 함정을 충분히 헤아리지 못하는 그런 순진함 말이다. 프라이버시와 온라인 보안 문제를 예로 들어보자. 현재 우리 모두는 영원히 사라지지 않을 디지털 족적을 남기고 있는데, 이 사실은 법적·도덕적으로 심각한 문제를 불러일으키고 있다. 더군다나 대다수 국가의 정부에서는 여전히 수년째 이 문제에 관한 처리에서 제자리걸음을 하고 있다.

온라인에서 프라이버시는 어떤 의미를 가지며, 또 어떤 의미를 가져야 할까? 일단 온갖 정보를 세상으로 내보내고 나면 우리는 그 정보에 대해 어느 정도의 통제력을 발휘할 수 있을까? 이것은 수많은 법률 제정자들이나 시민들 모두 똑같이 선뜻 답을 내놓지 못하는 정치적 의문이다. 우리가 디지털 공간에서 소비자로서나 시민으로서 '권리'를 가지고 있다는 개념은 여전히 법에 정식으로 등재되고 있지 않다. 다만 지독히 파렴치한 류의 범죄행위에 대해 규정해놓은 정도로 그치고 있다. 또한 기존의 법적 모델을 인터넷으로 만들어진 일종의 다국적 공간으로 확장하기란 현실적으로 여간 까다로운 일이 아니다. 특히 물리적 실체가 전자 데이터 집합체 속의 극히 작은 조각에 대한 소유와 보호라는 차원의 문제라면 더더욱 다루기가 까다롭다.

어떤 법이든 포괄적 법률을 마련하기까지는 수십 년은 아니더라도 수년은 걸리기 마련이다. 그런데 이 경우엔 시간이 더 길어질 수밖에 없다. 점점 더 방대하게 쌓여가는 개인정보를 어떤 기준에 따라 안전하게 지킬지 협의하는 과정이 일반 이용자들과 기업의 이익에 따라 크게 좌우되는 문제이기 때문이다. 게다가 소셜네트워크 메시지에서부터 이메일과 업로드에 이르기까지 디지털 공간에서의 수많은 행동에 대한 판단과 법적 책임의 기준까지 고려해야 하기 때문에 그 경우의 수는 무궁무진하다.

이런 상황에서 확실한 점은 오직, 이런 문제들이 이미 정치적으로 현실이 되어 있다는 점뿐이다. 2011년 8월에 영국 전역으로 폭동이 퍼졌던 일이 있었다. 이 폭동 후, 두 명의 청년이 각자 페이스북을 이용해 노스위치 타운Northwich Town에서 폭동을 선동한 혐의로 4년형을 받았다. 두 청년 모두 그 결과로 일어난 폭력난동에 사실상 가담하지도 않았거니와, 물질적 피해를 야기하지도 않았는데도 말이다. 판사는 판결문에서, 두 사람이 '폭력사태가 퍼질 것이라는 소문으로 지역사회에 공포와 혐오감'을 일으켰다고 했다. 묘하게도 어디선가 많이

들어본 이야기 같기도 하다. 정치적 행동을 조직하거나 정보를 유포시키려 시도한 죄로 감옥에 갇히게 되는 그런 '선량한' 반정부 시위자들이 연상되지 않는가?

웹은 맥가이버 칼이 아니다

디지털 정치에 관한 한, 확실히 우리는 빠르게 성숙해져야 한다. 특히 무엇보다도, 정말로 중요한 문제가 뭔지를 결정하는 측면에서의 성숙이 시급하다. 에브게니 모로조프Evgeny Morozov가 2011년의 저서《인터넷 망상The Net Delusion》에서 지적했듯, "우리는 기술이 우리를 더 밝은 디지털의 미래로 이끌어줄 것이라 믿지만, 이와 같은 기술에 대한 환상은 도리어 엉뚱한 종류의 문제를 해결하는 방면에서 탁월함을 발휘할 수도 있다. (…) 이런 환상들이 가지고 있는 망치라곤 인터넷이 전부이므로, 가능한 모든 사회적·정치적 문제가 온라인의 못으로 제시되는 것은 당연한 이야기다. 즉, 대다수의 환상에서는 웹을 언제든 무슨 일에든 쓸 수 있는 맥가이버 칼처럼 여긴다." 모로조프

빅브라더가 당신을,
그리고 당신의 페이스북 계정을
감시하고 있지는 않은가?

는 이어서 중요한 핵심을 짚어냈다. 우리에게 희망이 있다면 그것은 기술을 기술 자체로 단독으로 검토하는 것이 아닌, 특별한 사회적·문화적 무대의 일부분으로서 검토하는 것이라고.

신기술이 정치 자체에 직접적으로 미친 영향에 대해 논하려면, 우리는 가장 먼저 다음의 의문에 답해야 한다. 디지털 네트워크로 인해 정확히 어떤 새로운 차원의 정치적 행동이 가능해지고 있는가? 기존의 정치적 행동들 가운데 어떤 것들이 새로운 단계로 촉진되고 있고, 어떤 것들이 점차 퇴색되고 있는가?

여기에는 세 가지의 핵심 요소가 있다. 첫째, 주위에서 일어나고 있는 상황과 자신이 가진 신념을 입증할 개인의 능력. 둘째, 그런 입증이 공유되고 확산될 수 있는 용이성. 셋째, 자체적으로 입증과 소통이 가능하여 집단행동을 신속히 조직할 수 있는 유대의 용이성. 본질적으로 '아랍의 봄'의 신호탄이 되었던 튀니지와 이집트에서의 활동 패턴이 바로 이런 식이었다. 즉, 흠잡을 데 없는 도덕적 입장이 그 특징이 되었던 것이 아니라, 그토록 오랫동안 압제되어온 지역이 지닌 혁신과 효력이 특징이 되는 패턴이었기 때문이다.

하지만 이런 기술과 트렌드가 중앙의 권력보다 시민들에게 유리하다 하더라도 문제는 존재한다. 모로조프의 말마따나 어떤 '온라인 못'이 단지 희망적인 목표를 지닌 것뿐인지 아닌지를 어떻게 가려낼 것인가? 또 정부의 예산과 개인의 노력이 가장 바람직하게 사용되는 방법이 무엇인지를 어떻게 분별할 수 있을까?

이 분야에서 세계적으로 가장 주목받는 사상가는 미국의 학자 팀 우Tim Wu이다. 우는 2010년에 저서 《마스터 스위치The Master Switch》를 통해 미디어의 통상적 발전사는 한마디로 '개방에서 독점으로의 여행'이라고 주장했다. 가령 라디오의 경우를 보자. 20세기 초반, 라디오의 탄생은 미국을 비롯한 세계 곳곳에 희망을 지폈다. 이 기술이 전례 없던 참여 민주주의의 시대를 이끌 것이라고 말이다. 그러나 실제로 1920년대와 1930년대를 거치는 사이에 어떤 일이 일어났는가? 라디오가 '활짝 열린 매체'에서 '라디오 트러스트에 의해 휘둘리는 거대 사업'으로 바뀌었다. 이러한 경제적 차원에서의 가능성 폐쇄는, 이 신생 미디어를 통한 표현의 자유를 제한하는 면에서 정부의 어떤 계획보다 더 효과적이었다.

한편 인터넷에 관한 한, 우는 인쇄술, TV, 또는 라디오의 경우와는 양상이 좀 다르다고 주장한다. 인터넷은 그 독특한 설계상, 시스템 자체보다는 인간의 참여 확대를 우선시하는 만큼 '분산적 네트워크이자 그런 상태를 유지하려 하는 네트워크'이기 때문이다. 하지만 그렇다고 해서 '인터넷의 정치적 지배와 통제'가 불가능한 것은 아니다. 단지 다른 미디어에 비해 그러기가 훨씬 어려울 뿐이다.

독재 정권은 작정하면 대부분의 디지털 시위를, 또는 시위의 기회까지도 무력화시킬 만한 힘을 동원할 수 있다. 잘못된 법률이나 악의적인 기업관행 역시, 개방된 인터넷의 일반적인 미덕을 좌절시키거나, 안전과 편리함을 추구하는 소비자들을 검열과 독재의 손아귀로 내몰 수 있다. 이런 일들은 우리가, 그리고 우리 손으로 뽑아준 사람들이나 디지털 접속의 혜택에 대한 대가로 돈을 지불하는 사람들이, 이런 가능성에 얼마나 경계를 기울이느냐에 전적으로 달려 있다.

우는 다음과 같이 결론지었다. "인터넷은 사람들이 흔히 생각하는 것처럼 무한정 늘어나는 유령이 아니다. 오히려 휘거나 끊어질 수도 있는 사실상의 물리적 실체이다. 그 이유는, 네트워크는 이용자 누구나 다른 어느 이용자들과도 대등한 자격에서 연결되도록 설계된 것이지만, 언제나 제한된 수의 물리적 연결과 스위치에 의존하고 있기 때문이요, 그 운영도 제한된 수의 회사들에 의해 이루어지며 모든 것이 그 회사들의 선한 행동에 의존하고 있기 때문이다."

우리는 이런 중요성을 충분히 이해해야 하며, 그 이해는 빠르면 빠를수록 좋다. 디지털 문화의 기초가 되는 공개 구조는 종종 정치와 상업의 기존 시스템과 거북한 상호작용을 한다. 따라서 개인의 입장에서나 세계 공통의 입장에서나 가장 최선의 결과는, 모든 플레이어들이 똑같은 힘과 지식을 가지고 자신의 이익을 지킬 수 있는 그런 협상이 바탕이 되어야만 가능할지 모른다.

하지만 세계적 관점에서 가장 중요한 대목은 따로 있다. 이런 과정의 혜택을 부자나 엘리트 계층이 대부분 누리는 것이 아니라, 역사적으로 발전의 중심이 되어본 적 없는 사람들과 국가들이 누릴 수도 있다는 것이다. 중동과 북아프리카의 최근 사례가 시사하고 있듯, 디지털 시대의 가능성을 가장 열렬히 환영하는 이들은, 디지털 시대의 개척자는 아니지만 이전 기술시대의 세대를 뛰어넘을 기회를 가장 많이 얻을 수 있는 입장에 있는 사람들이다.

인도의 경우를 예로 살펴보자. 미국의 사회보장제도나 영국의 국민보험제도 같은 것이 없으며 12억 인구 중 3,300만 명만이 소득세를 내고 6,000만 명만이 여권을 가진 나라가 바로 인도다. 주간지 〈뉴요커〉 지가 2011년 10월호에서 보도했다시피, "인도인 가운데 수억 명은 국가에게는 거의 투명인간이나 다름없다. (…) 그들은 은행 계좌를 개설하거나 휴대폰 유심카드를 사는 것도 쉽지 않고 국민으로서 당연히 누려야 할 국가의 서비스도 누리지 못한다."

인도 정부는 대대적인 디지털 정책을 통해 이런 상황을 개선하려 애쓰고 있다. 즉, 무작위로 선정된 인도인 국민에게 열두 자리의 고유번호를 부여하고 여기에 해당 당사자의 사진, 지문, 눈동자 스캔 등 생체정보를 병기시키려 하고 있다.

이 시책의 지휘 책임자는 난단 닐레카니Nandan Nilekani다. 1981년에 인도의 소프트웨어 회사 인포시스Infosys를 창립한 인물이며, 인포시스는 현재 300억 달러의 가치에 육박하는 회사이다. 닐레카니의 시책은 프라이버시의 관점에서 논의의 여지가 있음이 드러나기도 했다. 하지만 2011년 말 현재, 그의 전자 신원확인 시스템은 작업 착수에 들어가 인도 전역의 등록 센터에서 매일 40만 명이 넘는 사람들의 신원등록을 처리하기 시작했으며, 앞으로 규모를 확대하여 3년 후에는 매일 100만 명 이상의 신원등록을 처리할 계획에 있다.

이 과정을 통해 닐레카니는 수억 명의 인도 국민에게 국가와 완전히 새로운 차원의 관계를 맺게 해줄 인프라 창출에 이바지하고 있는 것이다. 다시 말해, 최첨단의 기적에 입각한 관계가 아니라, 신원이 확인되고 그에 따라 사회적 몫을 획득할 수 있게 되는 기본 원칙에 입각한 관계이다.

<u>믿음의 정치</u>

디지털 기술이 개발도상국들에서 두루 이용되기 시작하는 방식을 살펴보면, 닐레카니의 프로젝트도 여러 가지 다양한 형태로 반복되고 있는 한 패턴을 따르고 있다. 상대적으로 낮은 기술조건으로도 수백만 명의 사람들에게 전혀 새로운 형태의 참여와 접근 기회를 제공해주는 간단하고도 광범위한 원칙의 패턴이다. 현재 남아메리카와 중앙아메리카에서는 모바일 폰 계좌에 기반한 뱅킹 제도가 점차 상용화되고 있다. 모바일 폰을 통한 세금 납부와 투표 제도도 마찬가지다. 모바일 접속으로 시장정보와 가격을 파악하는 간편성과 효율성에 의거해 농업과 무역 부문도 급속도로 변화되고 있다.

구체적으로 방글라데시의 모바일 폰 접속률을 예로 들어보겠다. 1999년까지 최신식의 모바일 네트워크라는 것은 구경할 수도 없었던 이 나라는 2010년엔 그 보급률이 '사실상' 100퍼센트에 이르는 것으로 조사되었다. 다시 말해, 방글라데시인들은 거의 누구나 가족, 친구, 혹은 공동체를 통해 모바일 커뮤니케이션을 이용하며 살고 있다는 것이다. 한편 아프리카에서는 현재 모바일 폰 이용자가 6억 명이 넘어, 그 수에서 미국이나 유럽을 능가하고 있다.

이런 사례에서 볼 때 디지털 기술은 영향력과 유연성의 결합이라는 측면에서 그 속도가 무척 빠르고 추구하는 목적에 부합한다 할 수 있다. 뿐만 아니라 우리 삶에서 갖춰야 할 조건과 필요 가운데 아주 기본적인 요소들과도 쉽게 융합된다. 이것은 선진국에서 나타나는 신기술의 정치적 영향과 관련되는 사치, 방종, 소외와는 정반대의 현상이다. 즉, 정치가 위에서부터 강요되는 것이 아닌 사회의 가장 밑바닥에 뿌리를 두고 있는 현상이며, 정치에 대해 훨씬 더 적극적이고 민감하게 반응하는 현상이다.

'정치적'인 것의 기준에 대한 기존의 개념을 붕괴하는 측면에서 기술은 점차 전 세계적으로 중요한 역할을 하고 있다. 따라서 새로운 형태의 관계와 정체성과 함께, 새로운 형태의 정치적 참여와 통합이 대두될 것이라는 희망도 결코 순진한 생각은 아니다. 게다가 이런 기술의 주된 토대가 되고 있는 공개 구조 속에는 우리가 더 풍요롭게 가꾸어 계승할 만한 젊고 독특한 유산이 깃들어 있다.

전통적인 정치 무대와 흡사하게, 새로운 형태의 정치적·사회적 계약이 만들어지는 디지털 공간에서도 갈등, 협상, 타협이 끊임없이 수반될 것은 불 보듯 뻔한 일이다. 다 같이 잘 살아남기 위해서, 우리는 이 공간 안에서 우리의 자유를 옹호할 준비가 갖추어져 있어야 한다. 표현과 항의에 대한 자유, 접속의 평등성과 공개성에 대한 자유, 개인의 프라이버시와 정보 소유권에 대한 자유를 지킬 수 있어야 한다.

이 모든 영역에서 훌륭한 법률과 규제가 시급히 마련되어야 한다. 하지만 결국 우리의 정치적 미래를 결정짓는 힘은 변하기 쉬우면서도 크게 나뉘어 있기도 하다. 즉, 부분적 공통점이 있는 커뮤니티, 운동, 이해관계들 사이에 지금까지 전례가 없을 정도로 그 힘이 분산되어 있다. 단독의 중앙집권적 해결법은 우리를 구하거나 보호해주지 못하기 마련이다. 새로운 타협을 정해야 하며, 새로운 형태의 화합을 모색할 기회도 무르익어 있다. 단, 그러려면 모든 당사자들이 충분한 지식과 용기, 그리고 서로의 행동능력에 대한 믿음을 지니고 있어야만 한다.

* 정부의 경기부양정책과 세금인상정책에 반대하는 조세저항운동. 티파티 운동의 명칭은 1773년 당시 영국의 식민지배하에 있는 미국인들이 영국의 가혹한 세금 징수에 반발해, 보스턴항에 정박한 배에 실린 차 상자를 바다에 내던진 '보스턴 차 사건Boston TeaParty'에서 따온 것이다.
** 아랍의 봄은 2010년 말 튀니지에서 시작되어 아랍 중동 국가 및 북아프리카로 확산된 반정부 시위의 통칭이다.

맺는 글

Conclusion

다 같이 잘 살아남기 위한
준비를 시작하라

 이 책에서 나는 서로 얽힌 여덟 가닥의 논점을 짚어보면서 시간, 주의력, 공유 등 개인적 경험에서부터 이런 경험들을 에워싸고 있는 구조로 옮겨 나갔다. 다시 말해, 디지털 기술과 관련한 최근 현상들 속에 함축된 문화적·정치적·윤리적 가치관으로 시야를 넓혔다. 또한 유익한 제안이 되기를 바라는 마음으로, 어떻게 해야 이 변화하는 세상 속에서 잘 살아남을 것인지에 대해 나름의 결론을 제시해보았다.
 현재를 이해하고 싶다면 우리의 경험을 생성시키는 도구보다는 그 경험의 본질에 주의를 돌려야 한다는 것, 그것이 내 믿음이다. 물론 좋은 경험들은 소중히 여겨야 하지만, 우리 삶 속에서 기술과 별개의 공간을 만들고 우리의 주의력을 통제할 수 있도록 노력해야 한다. 인터넷에 상시 접속된 기기들이 우리 삶의 순간순간을 결정하고 강요하도록 내버려두지 말고, 시간을 의식적으로 분배할 줄도 알아야 한다. 즉, 생각과 행동의 습관에서 균형을 찾아야 하며, 다른 방식으로 사고하고 상시 접속의 압박에 저항하는 것이 가능하다는 것을 인지해야 한다.

또한, 우리가 이용하는 디지털 기기와 서비스의 역사를 어느 정도 이해하기도 해야 한다. 인류의 다른 창조물들과 마찬가지로, 하나의 풍경처럼 그 안에 깃들기보다는 비평할 줄도 알아야 한다. 단순히 공유하는 것만이 아닌 잘 공유하는 법을 터득하고, 다른 사람들에게 고결함을 유도하는 그런 고결함을 갖춘 디지털 시민이 되어야 한다. 또한 전적으로 '나 자신'이 될 수 있는 시간과 방법을 찾아야 한다. 그 어느 시대보다 더 열심히 찾아야 한다. 현재와 과거의 풍부한 문화를 이용해 사회적 통념과 집단적 반응의 압박에서 벗어나는 시간과 방법 또한 찾아야 한다.

우리가 소유한 디지털 도구는 여러 가지 다양한 행동을 쉽고 대수

롭지 않게 여기도록 만든다. 우리는 그 어느 시대보다 거리낌 없이 자유롭게 다른 사람들을 이용하고 학대하고 있다. 아니면 적어도 다른 사람들의 디지털 그림자를 이용하고 학대한다. 거리낌 없는 방면으로 치자면, 편견과 허위 사실에 탐닉하는 것이나, 성욕에서부터 일이나 창의성을 끌어내야 하는 분야에까지 그저 반사적으로 살아가는 것 또한 다르지 않다.

이런 식의 자유는 유혹적인 측면이 있다. 하지만 온라인에 구축되거나 디지털 체계 깊숙이 구현될 미래의 모습에서 이런 것만이 전부는 아닐 것이라고 믿는다. 결점과 남용에도 불구하고, 지금 세상은 지금껏 유례없던 개방적이고 평등한 정보 공유 시스템과 거대한 기회를 누리고 있다. 한 국가나 조직이 이것을 지배하는 능력을 가진 사례는 아직 없다. 아무리 그 영향력이 강하고 로비가 막강해도 하나의 서비스나 트렌드가 우리의 모든 디지털 경험을 정복해낸 경우가 아직 없듯이.

이런 개방의 미래를 보호하고 협의해 나가는 것은 모든 사람의 임무이며, 여기에는 정부, 시민, 기업, 연합단체 간의 새로운 차원의 관계도 요구된다. 모든 몫이 평등한 것은 아니다. 어떤 경우엔 카드가 이미 괴상하게 섞여 있기도 하다. 하지만 이제 막 기지개를 켜고 있는 중요한 기회들도 수두룩하다.

디지털 기술은 그 혜택을 누리고 있는 이들에게 거리낌 없는 방종의 욕구를 채워주기도 하지만, 이미 입증되고 있다시피 가장 혜택 받지 못한 이들을 위한 놀라운 변화의 원동력이 되어주기도 한다. 즉, 나라의 중요한 사업이나 상업에 한 일원으로서 동참하게 해주는 최초의 통로이자, 더 폭넓은 문화, 혁신, 아이디어로 이끌어주는 통로가 된다.

이런 공공의 장을 이해하고 통제하는 것은 인류 역사상 그 어떤 도전보다 어려운 도전이다. 그 안에는 수백만이 아닌 수십억 명의 참가자들이 관련되어 있을 뿐만 아니라 점점 더 늘어나고 있는 장이니 말이다. 하지만 흔히 그렇듯 이 맥락에서도, 우리의 가장 큰 문제와 가장 희망적인 답은 함께 맞닿아 있다. 즉, 온라인 커뮤니티, 전문적 지식과 지침의 정보 창고, 그리고 전 세계에서 발현된 창의적인 선례들 속에 있다. 우리의 디지털 자아는 특히 더 취약할 수도 있지만, 우리에게 도움이 될 만한 무엇인가 혹은 누군가가 단지 클릭 한 번이면 다가와줄 거리에 있기도 하다. 우리가 주의를 기울일 줄 알고 누구에게 도움을 요청해야 하는지를 알기만 한다면 말이다.

마지막으로, 우리 자신의 본질에 관한 문제와, 자기충족과 기분전환에 대한 우리의 새로운 능력이 우리를 어디로 데려갈지에 관한 문제가 있다. 기술은 즐거운 것이 되어주기도 하고, 세상 속 행동을 향한 통로가 되어주기도 한다. 하지만 개인의 삶과 그 주변 사회의 균형을 깨뜨릴 잠재성 또한 지니고 있다. 이런 이분법적 기술에 생산적으로 참여하기 위해서는 디지털의 자유로운 무대와 삶 자체가 던지는 불완전한 문제들을 서로 구분해야 한다. 전자는 후자를 대체할 수도 없고, 후자에서의 성공 요령을 충분히 가르쳐주지도 못한다. 하지만 내가 믿는 부분은, 우리는 우리의 세상사 중 아주 작은 부분이나마 길들이는 법에 대해 배울 수 있고, 오늘날의 시민과 내일의 시민으로서 보다 나은 일원이 되는 법에 대해 많은 것을 배울 수 있다.

이러한 논점과 신념은 모두 인도주의적 관점에 뿌리를 두고 있다. 적어도 나는 어떻게 하는 것이 잘 살아남는 것인지에 대한 모든 의문이 그래야 한다고 생각한다. 우리 자신의 성공을 평가하는 유일한 척도는 우리이며, 이 척도는 명확히 규정될 수 있는 기준이 아니다.

2,000년도 더 전에, 아리스토텔레스는 인간의 번영이나 번성을 '에우다이모니아(eudaimonia, 행복)'라는 개념으로 풀었다. 에우다이모니아는 물질적 성공이나 육체적 쾌락보다는 가능한 최대한 인간적

균형 잡힌 삶을
살아가는 것에 관한 영원한 교훈.
그런데 그림 속 어디에서도
아이패드 같은 것은 보이지 않는다.

아테네 학당.

으로 사는 것을 의미한다. 어원상 '선善'과 '수호신'을 뜻하는 두 단어에서 유래된 만큼, 신령의 보살핌을 받는 것과 비슷한 상태라는 의미가 함축되어 있기도 하다.

아리스토텔레스는 에우다이모니아의 본질을 규정하면서 또 하나의 연관된 개념으로 덕德, 또는 탁월성을 의미하는 '아레테Arete'에도 주목했다. 최고가 된다는 것은, 인간이 인간의 가장 숭고한 형태의 업적에서 탁월성을 성취하는 것을 의미할 수도 있다는 것이다. 또한 아리스토텔레스는 주장하길, 이러한 탁월성은 덕과 이성의 영역이며 덕과 이성은 모든 피조물 가운데 인간만이 가진 능력이라고 했다.

오늘날 대다수 사람들에게는 덕이 있고 사색이 있는 삶이라는 것이, 잘 살아남는 것이 무엇인지에 대한 만족스러운 해답이 되어주지는 못할 것이다. 하지만 이 점만큼은 확실해 보인다. 현재와 미래의 기술 상태를 주목해보건대 우리의 가장 훌륭한 성취와 잠재성이 여전히 정신적 영역에 있다는 것. 그리고 이 정신적 영역에서의 탁월함은 어떠한 것이든 모두 이성과 덕이라는 두 능력과 밀접하게 연관되어 있다는 것.

우리가 우리 자신의 성공의 유일한 척도라는 말은 또 다른 식으로 바꿔 말할 수도 있다. 우리가 서로의 성공에 대한 유일한 척도라고.

말 그대로, 우리 개개인의 정체성은 '관계' 없이는 의미를 갖지 못한다. 우리는 서로서로 끊임없이 협상하고 또 협상하는 존재다.

오늘날에는 이런 과정이 디지털 세계라는 변하기 쉬운 공동체에서 완전히 새로운 특성에 따라 일어나고 있다. 아리스토텔레스가 오로지 인간만이 가진 속성이라고 주장했던 이성은 현재는 우리 도구들의 특성이기도 하다. 날로 점점 더 복잡해지는 기계들은 우리가 만들었다지만, 이제는 순서가 바뀌어 우리를 새롭게 만드는 것을 도와주고 있으니 말이다. 하지만 그렇다고 이런 과정에 의해 격이 떨어질 필요는 없다. 오히려 우리 인간만의 고유함이 어디에서 나오는지, 또 우리를 서로 묶는 것이 무엇인지에 대해 답을 찾기 위해서는 더 높은 차원으로 끌어올려져야 한다.

미국의 작가 브라이언 크리스찬Brian Christian이 자신의 책 《가장 인간적인 인간》에서 표현했다시피, "인류가 아주 오래전부터(적어도 고대 이후부터) 죄를 범해온 것이 한 가지 있다면, 그것은 일종의 자기도취, 그러니까 일종의 특권의식일 것이다." 이런 특권의식은 특히 지능적인 것이다. 즉, 우리 두뇌가 독보적이며 우주에서 도전할 맞수가 없을 만큼 특별한 위치에 있다는 의식이 특히 강하다.

현재 우리는 이전까지 접해본 적 없는 도전을 받고 있다. 기계들의 번개같이 빠른 연산력과 무한한 능력으로부터, 수십억 인구의 디지털 존재로부터, 십억의 또 십억 배에 이르는 데이터로부터, 그리고 이러한 것이 인간의 독보성과 힘에 대한 우리 자신의 의식에 던지는 의미심장한 의미로부터. 하지만 우리는 행동 면에서나 통찰 면에서나 지난 역사가 부러워할 만한 기회를 마주하고 있기도 하다.

　잘 살아남는다는 것은 이런 도전에 적절히 대응하는 것이다. 그렇다면 우리는 그럴 준비가 되어 있을까? 모두 다 그렇진 않으며 항상 그렇지도 못하다. 개방적이고 전례 없는 상호연결의 시대인 오늘날에는 상賞도 실패에 따른 대가도 그 어느 시대보다 높다. 따라서 우리에게 무엇보다 중요한 것은, 전원을 켜고 부팅을 하고 접속을 하면서, 동시에 우리 스스로 바람직한 모습을 찾아 나가는 일이다.

*digital shadow, 로그 기록 등 이용자의 의지와 무관하게 만들어지는 개인 디지털 정보를 의미함.

더 찾아보면 좋은 자료들

기술변화의 속도가 너무 빨라 어디에 의지하여 통찰을 얻어야 할지 난감해지곤 한다. 여기에 소개하는 저자와 자료들은 이 책의 지적 자극제로서 큰 역할을 해주었다. 여러분에게도 영감의 원천이 되길 바란다.

들어가는 글

1. E.M. 포스터E.M. Forster의 1909년작 단편소설 〈기계가 멈추다The Machine Stops〉는 미래의 기술이 인류에게 어떤 의미를 갖게 될지에 대해 아주 인상적인 공상을 담고 있으며 아직까지도 그 분야에서 수작으로 꼽힌다(《단편모음집Collected Stories》, Penguin, 2001).

2. 1934년에 처음 출간된 루이스 멈퍼드Lewis Mumford의 《기술과 문명Technics and Civilization》(시카고 대학, 2010)은 진정한 의미에서 기술철학을 다룬 최초의 작품이었으며 기술이 그 기술을 이용하는 우리를 어떻게 변모시킬지에 대해 고찰한 지금까지의 저서들 가운데 아직도 중요한 의의를 차지하고 있다.

3. 케빈 켈리의 《기술의 충격》(Viking, 2010)은 기술을 의인화하여 기술이 우리에게 '원하는' 것이 무엇인지를 묻는 방식의 이례적인 형식을 바탕으로 포

괄적이고 도발적인 글을 담은 저서이다.

4. 기술의 현대성에 관한 한 바이블 격이자 번들번들 윤이 나는 용지가 고급스럽기도 한 IT 전문지〈와이어드〉는 기술광들이 정말로 궁금해할 만한 미래를 보고 느끼고 싶다면 꼭 봐야할 잡지이다.

5. 디지털 미래의 비전을 직접 체험해보고 싶다면 가까운 애플 스토어에 들러서 홀딱 빠진 표정의 쇼핑객들의 얼굴을 봐보길.

Part 1. 디지털 세상 속 우리의 시간, 어떻게 쓸 것인가?

6. 우리의 창조물이 우리의 삶에 미치는 영향에 관한 영구불변의 지혜가 궁금하다면, 플라톤의 저서들이 있다. 글쓰기 자체가 비교적 신흥 기술이었던 시절에 쓰인 그의 저서는 언제 봐도 다시 볼 만하며, 그중에서도《파이드로스》는 특히 더 명저이다.

7. 앤소니 케니Anthony Kenny의《서양철학의 새로운 역사 New History of Western Philosophy》(OUP, 2010)도 플라톤의 작품과 그가 살았던 시대에 대한 박식하고 간결한 정리가 담겨 있다.

8. 매튜 크로포드Matthew Crawford의《손을 움직여 하는 일에 대한 옹호The Case for Working with Your Hands》(Viking, 2010)는 현시대의 복잡한 기계에 쏟는 애착에 대해 균형을 잡아주는 감명 깊은 저서이다.

9. W. 브라이언 아서W. Brian Arthur는 《기술의 본질The Nature of Technology》(Penguin, 2010)을 통해 기본적 문제를 되짚으며, 기술이 우리를 위해 무엇을 할 수 있는지, 그리고 무엇을 할 수 없는지, 기술을 추진시키는 것이 무엇인지에 대해 다루어놓았다.

10. 니콜라스 카의 《생각하지 않는 사람들》(Atlantic, 2011)은 오프라인 독서의 가치에 대해, 그리고 디지털 기기를 멀리하고 보내는 순간에 느끼게 되는 깊은 기쁨에 대해 옹호하고 있다.

11. xkcd.com에 들어가 보면 세계 최고 수준급의 재치 넘치는 웹툰들 가운데 디지털에 관한 것들도 볼 수 있다. 기존의 틀을 벗어난 새로운 사고를 원하는 이들이라면 꼭 들어가서 한바탕 웃어보길.

Part 2. 우리 삶에 깊숙이 침투한 변화들

12. 데이빗 리빗David Leavitt이 쓴 앨런 튜링의 전기 《너무 많이 알았던 사람》(Phoenix, 2007)은 컴퓨터 공학의 시조인 이 천재에 대해서나, 그의 업적이 갖는 역사적 맥락에 대해 유익한 내용이 담겨 있다. 함께 담긴 튜링의 말년 이야기는 너무나도 슬프지만.

13. 대다수의 기술관련 개념을 이해하려면 수학과 철학에 대한 어느 정도의 지식은 필수이다. 아포스톨로스 독시아디스Apostolos Doxiadis와 크리스토

스 H. 파파디미트리우Christos H. Papadimitriou의 만화소설 《로지코믹스》(Bloomsbury, 2009)가 바로 그 두 지식에 대한 재미있는 입문서가 되어줄 것이다.

14. 1964년에 초판이 출간된 마셜 맥루언의 《미디어의 이해》(Routledge, 2001)는 미디어 홍수가 현대의 삶에 어떤 의미인지를 예언적으로 풀어낸 저서로 지금까지도 그 영향력을 인정받고 있다.

15. 월드와이드웹의 창시자 팀 버너스 리Tim Berners-Lee의 《월드와이드웹: 당신이 꿈꾸는 인터넷 세상》(Orion, 1999)에는 디지털 세상이 지금에 이르기까지의 역사가 명쾌히 정리되어 있다.

16. 1992년에 나온 닐 스티븐슨Neal Stephenson의 세 번째 소설 《스노우 크래쉬》(penguin)와 그 안에 담긴 사이버네틱 미래에 대한 상상은 그 이후로 사고에 지대한 영향을 미쳤다.

17. 미래를 가상해 만들어진 최근의 영화 가운데 '마이너리티 리포트'는 곧 다가올 우리의 미래에 대해 가장 흥미롭고 가장 그럴듯한 상상을 담고 있다.

Part 3. 우리는 다른 방식으로 존재할 수 있다

18. 셰리 터클의 《외로워지는 사람들》(Basic Books, 2011)은 요즘 뜨는 새로

운 기술이 일상생활이나 우리의 상호관계에 미치는 영향에 대해 면밀한 관찰을 토대로 잘 설명해놓은 저서이다.

19. 합리적 회의론 가운데 20세기 최고의 견해로 꼽히는 칼 세이건Carl Sagan의 《악령이 출몰하는 세상》(Headline, 1997)에서는 인간의 취약성에 대해 더없이 완벽하게 알려준다. 이 책에서도 인용된 존 로크의 《인간 오성론》(Oxford University Press, 2008)은 현재까지도 사고의 본질에 대해 잘 풀어놓은 명저로 인정받고 있다.

20. Lifehacker.com이라는 온라인 사이트에는 당신 자신의 삶을 '해킹'하여 생산성과 집중을 획득하는 요령에 관한 조언들이 가득하다.

21. 삶에서 공상의 감각을 되찾고 싶다면 정신에 구속이 없는 삶에 관한 한 아직까지도 역사상 최고의 걸작으로 꼽히는 몽테뉴의 수필이 도움이 될 것이다.

22. 집중된 상태에서 글을 쓰고 싶다면 화면에 다른 아무 도구도 없이 타이핑만 하도록 되어 있는 Dark Room 같은 무료 어플을 다운받아 사용해봐라.

23. 피상적이 되는 것을 막아줄 디지털 해독제가 필요하다면 www.the paris-review.org/interviews에 들어가 문예 계간지 〈파리 리뷰Paris Review〉가 T.S. 엘리엇에서부터 움베르토 에코에 이르는 작가들과 나눈 인터뷰 글들의 무료 구독 서비스를 이용해보길.

Part 4. 제대로 알아야 제대로 쓰고 제대로 살 수 있다

24. 로라 J. 스나이더Laura J. Snyder의 《철학적 조찬클럽 The Philosophical Breakfast Club》(Broadway Books, 2011)은 빅토리아조 시대 네 명의 명사들의 삶을 통해 지금 우리가 아는 현대 과학문화의 발달과 관련된 풍부한 맥락을 제시해주고 있다.

25. 20세기 미디어와 독점의 역사를 담은 팀 우의 《마스터 스위치 The Master Switch》(Atlantic, 2011)에는 개방적이고 책임감 있는 미디어 구조의 중요성에 대해 구체적인 논거가 제시되어 있다.

26. 켄 올레타 Ken Auletta의 《구글드 : 우리가 알던 세상의 종말》(penguin, 2009)과 데이비드 커크패트릭 David Kirkpatrick의 《페이스북 이펙트》는 지난 10년 사이에 가장 유력한 기업으로 떠오른 두 기업의 이야기가 내부자들의 상세한 설명을 바탕으로 수록되어 있다.

27. 월터 아이작슨 Walter Isaacson은 작고한 애플의 CEO 스티브 잡스의 전기 (Little, Brown, 2011)를 통해 현재의 디지털을 이끈 한 원동력이던 인물의 삶을 조명해놓았는데, 중간 중간 소름 끼치도록 예리한 통찰력이 돋보이는 저서이다.

28. 옥스퍼드 대학의 image.ox.ac.uk에 올려진 초기 원고 서비스에 들어가면 웹을 이용해 당신의 컴퓨터로 역사를 불러올 수 있다. 수백 개에 이르는 고

문서의 세밀한 스캔 이미지가 무료로 제공된다.

Part 5. 권위의 종말

29. 제5장에서 인용된 두 책, 로버트 레빈의 《프리 라이드》(Bodley Head, 2011)와 앤드류 킨의 《구글, 유튜브, 위키피디아, 인터넷 원숭이들의 세상》(Nicholas Brealey, 2007)에서는 인터넷이 경제와 지성에 끼친 어두운 영향을 도발적으로 해부해놓았다.

30. 공유와 디지털의 잠재력에 대한 보다 낙관적인 견해가 보고 싶다면 새로운 미디어 질서를 예찬한 클레이 셔키Clay Shirky의 《끌리고 쏠리고 들끓다》(Allen Lane, 2008)와 《많아지면 달라진다》(Allen Lane, 2010)를 권한다.

31. 온라인이 지능의 측면에서 무조건 비관적이고 암울하기만 한 것은 아닌 이유에 대해 가장 잘 설명해놓은 책은 아마도 스티븐 존슨Steven Johnson의 《바보상자의 역습》(Penguin 2006)일 것이다.

32. 헨리 젠킨스Henry Jenkins의 《컨버전스 컬처》(New York University Press, 2006)는 지금까지도 고급문화와 하류문화를 아울러 문화에 대한 뉴 미디어의 영향을 잘 고찰해놓은 걸작으로 꼽힌다.

33. 온라인상에서 철학적 소양이 있는 글을 읽고 구체적인 토론도 하고 싶다면 블로그 CrookedTimber.org가 최고의 선택일 것이다.

34. 웹이 지적 수준이 높은 문화를 얼마나 극진히 대접해줄 수 있는지에 대해 더없이 잘 증명해주는 사례라면, www.philosophybites.com에서 제공하는 팟캐스트 '철학의 짜릿함 Philosophy Bites'이다. 여기에 들어가면 현존하는 세계 최고 사상가들과의 인터뷰 수백 개를 무료로 들을 수 있다.

Part 6. 인간으로서의 격을 상실해가다

35. 포르노와 미래의 섹스에 대한 도발적인 견해가 잘 표현된 책을 찾는다면 《포르노랜드 Pornoland》(Thames and Hudson, 2004)를 권한다. 마틴 에이미스 Martin Amis의 글과 스테파노 데 루이지 Stefano De Luigi의 사진으로 꾸며진 멋진 양장본으로, 현 시대의 집착에 대해 깊이 탐구하고 있다.

36. 현재에 대한 풍부한 통찰이 담긴 또 한 권의 에로틱 걸작을 소개하자면 데이비드 포스터 월리스 David Foster-Wallace의 수필 〈빅 레드 선 Big Red Son〉으로 수필집 《바닷가재를 생각하라 Consider The Lobster》(Abacus, 2007)에 실려 있다.

37. 《플레바스를 생각하라》(Orbit, 1988), 《서피스 디테일 Surface Detail》(Orbit, 2010) 같은 이언 M. 뱅크스 Iain M. Banks의 '교양' 소설들은 보통의 SF 작품보다 한 수 위이며, 충분히 진보된 사회에서 가능할 법한 성행위에 대해 과격한 상상이 펼쳐져 있다.

38. 2008년에 영국 정부의 의뢰에 따라 '디지털 세상에서의 아동 보호 Safer

Children in a Digital World'라는 제목으로 발표된 바이런 보고서Byron Review에서는 디지털 아동문화와 관련된 위험성과 그릇된 통념에 대해 증거에 입각한 실질적인 평가를 제시했다. 그 내용이 궁금하면 교육부 웹사이트를 통해 무료로 다운받아 볼 수 있다(https://www.education.gov. uk/publications/standard/publicationdetail/pagel/DC SF-00334-2008).

39. 개인의 자유와 색다른 형식의 연애에 있어서 가상환경 게임 세컨드 라이프Second Life는 아직도 탐구도 해보고 관련 글도 읽어볼 가치가 충분하다. 팀 게스트Tim Guest의《세컨드 라이브즈Second Lives》(Arrow, 2008)야말로 그 첫 출발로 삼기에 제격인 저서이다.

Part 7. 오락은 어떻게 우리를 사로잡았나?

40. 줄리안 디벨Julian Dibbell의《플레이 머니Play Money》(Basic Books, 2006)는 지금까지 가상세계를 주제로 출간된 책들 가운데 좀 특이한 저서이다. 저자가 1년 동안 현금으로 가상 아이템을 사고파는 것만으로 먹고 살았던 이야기를 사려 깊게 담고 있다.

41. 그렉 베어Greg Bear의 소설《시간의 끝에 선 도시City at the End of Time》(Gollancz, 2008)는 있을 법한 미래의 문명과 자멸의 판타지를 생생하게 그려내며 독자에게 불안감을 일깨우는 저서이다.

42. 1999년도에 처음 개봉된 영화 '매트릭스'는 아직까지도 가상현실을 주제로 다룬 판타지물 가운데 가장 인상 깊은 영화로 꼽힌다. 그런가 하면 비교적 최근의 영화 중 '소스 코드'는 물론 스릴감도 자극하지만 감성을 자극하며 가상현실의 가능성을 그려낸 면에서 다른 작품에 비해 우수한 작품이다.

43. 온라인상에서 가상세계에 대해서나 그 밖의 다른 여러 주제에 대해 사고를 넓혀줄 만한 토론을 해보고 싶다면 블로그 테라 노바 terranova.blogs.com를 권한다. 전문적인 통찰과 토론을 찾는 이들에게 이상적인 곳이다.

44. 복잡한 가상세계를 직접 체험해보고 싶다면 가볍게 재미 삼아 월드 오브 워크래프트를 해보라고 권한다. 아니면 더 적극적으로 체험해보는 재미를 원한다면 이브 온라인 EVE Online도 괜찮다. 올드 리퍼블릭 Old Republic도 화려할 정도로 세세한 디지털 환경을 탐험하게 해주는 게임이다.

45. 아마추어 개발자들과 열광적인 플레이어들 수천 명을 끌어모으고 있는 Kongregate.com처럼 무료 온라인 게임을 체험하기에 좋은 사이트들도 있다.

Part 8. 정치가 삶의 일부로 녹아든 시대

46. 현 시대 정치에서의 중요한 인간적 쟁점을 이해하려면 로널드 드워킨 Ronald Dworkin 의 《자유주의적 평등》(Harvard University Press, 2000)을 권한다. 평등이 공동체의 최고 덕목이 되어야 한다는 과격한 주장을 담고 있다.

47. 21세기 최대의 윤리적 난제에 대해서라면 철학자 피터 싱어 Peter Singer 의 《물에 빠진 아이 구하기》(Picador, 2009)만큼 설득력 있는 저서는 찾기 힘들다.

48. 디지털 기술과 정치에 얽힌 망상의 해체에 관해서는 에브게니 모로조프의 《넷 딜루전 The Net Delusion》(Allen Lane, 2011)이 가장 인상적인 저서이다.

49. 일라이 페리저 Eli Pariser 의 《필터 버블 The Filter Bubble》(Viking, 2011)에도 데이터 수집과 맞춤형 서비스 이면의 숨겨진 정치에 대한 유익한 논증이 실려 있다.

50. 코리 닥터로우 Cory Doctorow 의 에세이집 《컨텍스트 Context》(Tachycon, 2011)는 디지털 사회운동의 가장 바람직한 모습에 대해 해박한 견문으로 풀어주는 저서이다.

51. 디지털상에서 인간 본성을 배우고 싶은 사람이라면 경제학자 로빈 핸슨 Robin Hanson 블로그 오버커밍 바이어스 www.overcomingbias.com를 통해 기

존의 맥락에 도전할 뭔가를 발견해보길.

맺는 글

52. 과연 현 시대에서 잘 산다는 것은 뭘까? 이 문제에 관해서라면 리차드 할러웨이Richard Holloway의 《신이 없는 도덕Godless Morality》(Canongate, 2004)을 권하고 싶다. 명쾌하고 통찰력 있는 분석이 돋보이는 이 저서는 현재까지도 윤리적 본질을 이해하는 첫 단추로 삼기에 좋은 저서로 꼽힌다.

53. 브라이언 크리스찬Brian Christian의 《가장 인간적인 인간》(Viking, 2011)은 철학적 소양이 담긴 최근의 기술관련 서적 중 하나로, 저자가 매년 '튜링 테스트Turing test'를 시행하고 있는 이야기가 실려 있다. 튜링 테스트는 기계가 실험 상대자를 속여 자신이 인간인 것처럼 생각하게 만들 수 있는지 어떤지를 판별하고자 고안된 테스트로, 앨런 튜링이 1950년에 제안한 것.

54. 재런 레이니어의 《디지털 휴머니즘》(Allen Lane, 2010)에는 기술과 인간성이 각각 어떤 의미여야 하는가에 대해 간략하면서도 강렬한 견해가 피력되어 있다.

55. 무한한 가능성 앞에서 우리 인간의 지력이 얼마나 초라한지를 가장 잘 그러낸 픽션들을 꼽을 때 스타니스와프 렘Stanislaw Lem의 1961년작 소설 《솔라리스Solaris》(개정판. Faber & Faber, 2003)는 아직까지도 수작으로 인정받고

있다.

56. 마지막으로 그렉 이건Greg Egan의 공상과학소설《디아스포라Diaspora》(Gollancz, 2008)도 읽어보길 권한다. 우주를 바꾸어놓는 기술의 미래에 대한 상상이 담겨 있다.

이미지 출처

이 책에 이미지를 제공해주고 사용을 허락해준 모든 분들께 가슴 깊이 감사 드린다.

21쪽: Cloud Culture ⓒ Jeffrey Coolidge / Getty Images
29쪽: Dempsey vs. Carpentier ⓒ Corbis
41쪽: Blank clock ⓒ Aaron Foster / Getty Images
52쪽: Hieroglyphics ⓒ De Agostini / Getty Images
55쪽: Milky Way ⓒ Design Pics Inc. / Alamy
71쪽: Vase/face illusion ⓒ John Woodcock / iStockphoto
77쪽: Phrenology ⓒ World History Archive / Alamy
86쪽: My notebook ⓒ Antony Irvine 2011
95쪽: Silicon Valley ⓒ Ian Philip Miller / Getty Images
105쪽: Retinal scan ⓒ James King-Holmes / Science Photo Library
114쪽: Pantheon in Paris ⓒ Andrew Ward / Life File / Getty Images
144쪽: 1920s erotic postcard ⓒ IBL Collections / Mary Evans Picture Library
171쪽: Internet cafe ⓒ Martin Puddy / Getty Images
189쪽: Occupy Seattle ⓒ Marilyn Dunstan Photography / Alamy
196쪽: CCTV ⓒ Gillian Blease / Getty Images
212쪽: School of Athens ⓒ SuperStock / Getty Images

지은이
톰 체트필드

작가이자, 시사평론가. 디지털 문화에 대해 탐색하는 3권의 저서가 있다. 구글, 마인드 캔디 등과 함께 일해왔다. TED 글로벌, 월드 IT 회의World IT Congress를 포함 여러 포럼들에서 인기 강연자로 활동했다. BBC 방송에 출연하는 칼럼니스트이고, 소설을 쓰고, 재즈 피아노를 연주한다.

옮긴이
정미나

오랫동안 출판사 편집부에서 근무했으며, 현재 번역가 에이전시 하니브릿지에서 전문 번역가로 활동하고 있다. 주요 역서로는 《스티비 원더 이야기 : 최악의 운명을 최강의 능력으로 바꾼》, 《퀘스트》, 《하트 투 하트》, 《염소를 노려보는 사람들》, 《위대한 정치의 조건》, 《평화는 스스로 오지 않는다》, 《와인 바이블》, 《악마의 정원에서》, 《기다리는 부모가 큰 아이를 만든다》, 《인생의 8할은 10대에 결정된다》, 《스캔들의 심리학》 등 다수가 있다.

인생학교 시리즈 각 권 소개

인생학교 | 섹스 | 알랭 드 보통
섹스에 대해 더 깊이 생각해보는 법 How to think more about sex

'섹스'에 관해서 자신이 완벽하게 '정상'이라고 생각하는 사람이 있을까? 현대인의 섹스는 왜 이렇게 어렵고 혼란스러울까? 과연 우리가 모르고 있는 모든 섹스의 리얼리티는? 사랑과 연애에 관한 이 시대 최고의 현자 알랭 드 보통이 알려주는 모든 섹슈얼리티의 딜레마! 사랑과 욕망, 모험과 헌신 사이에서, 21세기적 섹스는 어떻게 균형을 잡을 것인가?

인생학교 | 돈 | 존 암스트롱
돈에 관해 덜 걱정하는 법 How to worry less about money

당신은 돈이 많은가, 적은가? 돈에 집착하는가, 아니면 무관심한가? 문제는 돈과 어떤 관계를 맺느냐다. 돈과 인생, 행복에 관한 매우 놀랍고 새로운 인사이트! 돈에 대한 제대로 된 개념정립과 철학적 고찰이 필요한 시대! 돈에 관한 본능적인 부정, 갈망과 두려움의 실체는 무엇일까? 돈은 사랑, 섹스, 인간관계에 어떤 영향을 줄까?

인생학교 | 일 | 로먼 크르즈나릭
일에서 충만함을 찾는 법 How to find fulfilling work

일이란 무엇인가? 우리는 왜 일을 하며, 일에서 얻는 성취감의 정체는 무엇인가? 인생에서 일이 갖는 가치와 의미, 위상에 관한 가장 근사하고 명쾌한 대답! 이 책은 의미를 찾고 기꺼이 몰입하는 가운데 자유를 느낄 수 있는 일을 찾는 방법을 제시한다. 일에서 성취감을 느끼고 싶은가? 그런 일을 찾아 변화를 시도하고 싶은가? 이 책에 담긴 혜안과 성찰이 당신에게 '천직'에 이르는 길을 보여줄 것이다.

인생학교 | 정신 | 필립파 페리
온전한 정신으로 사는 법 How to stay sane

누구나 종종 우울해지거나, 감정이 폭발하고, 망상에 사로잡혀 '내가 미쳤나?' 하고 걱정한다. 어마어마한 스트레스가 일상이 된 현대인의 위태로운 정신세계! 이 책은 매우 간단하고 현실적인 방법으로 '마음 탐험'을 안내한다. 다양한 심리치유 기법, 지노그램, 명상, 호흡, 대화법 훈련 등을 통해 인생에서 벌어지는 다양한 사건들에 안정적이고 유연하게, 그리고 일관성 있게 대처하도록 돕는다.

인생학교 | 세상 | 존 폴 플린토프
작은 행동으로 세상을 바꾸는 법 How to change the world

세상을 바꾸는 일은 대체 누가 하는 걸까? 그것은 바로 당신이다. 역사의 흐름을 바꾸는 혁명이나 저항은 결국 개개인의 작은 참여와 실천에서 시작되지 않았던가! 이 책은 역사와 정치에서 뽑아낸 매우 새롭고 신선한 통찰을 현대인의 삶과 결합시켜, 패배주의를 극복하는 법부터 198가지 비폭력 저항운동까지, 누구라도 지금 당장 실천할 수 있는 '행동'들을 알려준다.

인생학교 | 시간 | 톰 체트필드
디지털 시대에 살아남는 법 How to thrive in the digital age

당신의 스마트 기기의 노예인가 주인인가? 디지털 시대의 속도와 밀도 속에서 깊이 있는 삶은 지속될 수 있는가? 계속 이렇게 살아도 삶의 본질을 놓치지 않고, 정체성과 자존감을 지킬 수 있을까? 이 책은 디지털 시대의 소통, 적응, 생존에 관해 본격 해부했다. 사회 각 분야에 걸쳐 어떻게 해야 인간다움을 잃지 않을지, 미래에 우리가 어떤 방식으로 존재해야 하는지에 대한 깊이 있는 통찰을 제시한다.

THE SCHOOL OF LIFE How to Thrive in the Digital Age